टिम-टिम रास्तों के अक्स
(गद्य)

टिम-टिम रास्तों के अक्स

संजय व्यास

हिन्द युग्म

ISBN: 978-93-81394-69-4

प्रकाशक :
हिंद युग्म
सी-31, सेक्टर-20, नोएडा (उ.प्र.)-201301
फोन- 0120-4374046

मुद्रक : मनीपाल टेक्नोलॉजीज लिमिटेड
आवरण-चित्र : पूजा उपाध्याय
कला-निर्देशन : विजेन्द्र एस विज

पहला संस्करण : जनवरी 2014
दूसरा संस्करण : फ़रवरी 2024
मूल्य : ₹249

Tim Tim Raston Ke Aks
(Prose by *Sanjay Vyas*)

Published By
Hind Yugm
C-31, Sector-20, Noida (UP)-201301
Phone- 0120-4374046
Email : sampadak@hindyugm.com
Website : www.hindyugm.com

Second Edition: Feb 2024
Price: ₹249

लेखक की ओर से

इस संग्रह में क्या है? क़िस्से, कहानियाँ, विवरण, वृत्तांत, शब्द-चित्र, गद्य, कविताएँ या और ही कुछ? लिखने के दौरान इस सवाल से कभी दो-चार नहीं हुआ। अब जब आपको बताना चाहता हूँ तो सोच में पड़ गया हूँ।

संग्रह की रचनाएँ एक नज़र में क़िस्से-कहानियाँ लगती हैं। सब नहीं तो इनमें से कुछ तो तयशुदा तौर पर। और कुछ किसी मायने में। पर दूसरी नज़र से देखने, और ख़ासतौर पर इन्हें पढ़े जाने पर ऐसा नहीं महसूस होता। कई तो कहानियों की तरह शुरू होकर गुपचुप उससे बाहर आ जाती हैं। कई कहानियों के बीच कुछ घटे जाने के विवरण की तरह हैं तो कोई-कोई क़िस्से कहने की डींग से शुरू होकर डींग की तरह ही ख़त्म हो जाती हैं। और क़िस्सा-बयानी का धर्म ठीक से निभा नहीं पाती।

कई रोज़मर्रा की धूल में सनी चीज़ों की कहानियाँ हैं, कई रेतीले रास्तों के वृत्तांत हैं। मेरा मतलब उनका गुटका-संस्करण हैं, तो कई किन्हीं बिसराए हुओं की याद में निकले शब्दों का बेढब विन्यास भर। कई-एक रचनाएँ किन्हीं कहानियों के पात्रों या भूगोलों को खींचकर लंबे किए गए टुकड़े हैं जहाँ उनकी मूल कहानियों को आलस में जैसे कहा ही नहीं गया।

क़िस्से-कथाओं ने चलते-चलते जैसे अचानक ठहरकर 'पोज़' दिया हो, और इसी में इनका एक अलग ही सौंदर्य उभर आया हो। उन्होंने आगे बढ़ने के बजाय आत्ममुग्धता में अपने आपको उसी भंगिमा में स्थिर कर दिया हो। ख़ैर, आप इन्हें जिस रूप में लेना चाहें, लें। मेरी इन रचनाओं के बारे में कहे गए मेरे ये शब्द अंतिम शब्द नहीं है। इनपर आपका पाठ कुछ अलग हो सकता है। पर शायद अपने-अपने रूप में ये सब हमारे आस-पास के अर्द्ध-आलोकित रास्तों की छवियाँ ही प्रस्तुत करती हैं।

माँ-पिताजी के लिए

एल्बम

नाच

उसका नाच कितना अलग था! एक बिंदु में आकर जैसे उसकी कमर समाप्त हो जाती थी और उसी बिंदु से उसकी देह का बाक़ी अर्धांश शुरू होता था। एक तरह से बीच का ये बिंदु उसकी देह के संतुलन का केंद्र था। देह इसी बिंदु पर दो हिस्सों में बँटकर घूर्णन करती थी। तेज़, और तेज़, फिर तेज़! कटि के नीचे का भाग अलग घूमता लगता और उसके ऊपर का भाग भिन्न वर्तुल में घूमता था। नर्तन दो वृत्त में होता दिखाई पड़ता था। ये दोनों वृत्त अपनी तीव्रता बढ़ाते जाते और फिर उनमें से एक-एक और वृत्त निकलता फिर उन सब में से एक और। इस तरह कई सारे वृत्त घूमते जो पहले एक-दूसरे से दूर जाते पर नृत्य अपनी गति में जैसे-जैसे और तीव्र होता जाता ये सारे वृत्त सिमटकर पास आते और अंततः एक हो जाते। लगता जैसे

कोई अद्भुत त्वरा से घूम रहा है। इस नाच की गति में तीव्रता से गोल-गोल घूमती आकृति का ही आभास होता। उसका शरीर कोई ठोस भौतिक अस्तित्व न रहकर रेखाओं से बनी ज्यामितीय आकृतियों में बनता-बिगड़ता था। ये उसके नाच का ही प्रभाव था कि देखने वाले को सिर्फ़ उसका नाच ही दिखाई पड़ता था और इस तरह अक्सर लोग ख़ुद उसके बारे में भूल जाते थे। बस गोल-गोल घूमती किसी आकृति का नाच ही उन्हें अपने सामने होता दिखाई पड़ता।

पर उसका गोल घूमना किसी ज्यामितीय आकार में सटीकता से किया हुआ दोहराव हरगिज़ नहीं था। फिर तो वो नाच न रहकर कोई चक्करदार क्रिया भर होती। पर नहीं, उसका नाच नाच था। ये सिर्फ़ गोल-गोल घूमना भर नहीं था। कुछ ऐसा था जो किसी घूमते वृत्त को देखने की अभ्यस्त आँखों को अलग से खटकता था। एक ही आवृत्ति ा की तरंगों में बार-बार कोई व्यवधान-सा महसूस होता था, जो उस पूरे रेशमी एकसार में कोई हल्की-सी गाँठ-सा था। वो व्यवधान-सा क्या था इसे बिल्कुल दावे से कह पाना संभव नहीं था, पर बेहद ग़ौर से देखकर महसूस किए जाने पर कहा जा सकता था कि वो व्यवधान, वो 'बंप', नाच के वर्तुल में 'कंपन' था। कंपनों की श्रृंखला। कंपन की लहरें। जैसे सपाट ज़िंदगी में दर्द की लहरें हों। पर ये कंपन इतने बारीक थे, इतने 'सटल' थे कि उन्हें महसूस करने के लिए उसके नाच का पूरा दर्शन समझना पड़ता था। एक विराट झंझा में आलपिन की नोक से पैदा किया गया हस्तक्षेप। बस इतना ही। पर ये 'बस इतना ही' उसके नृत्य को गरिमा प्रदान करता था। उसकी इस 'काँप' से ही नृत्य नृत्य रहता था, किसी भौतिकीय पिंड का आघूर्ण नहीं। उसकी यही झुरझुरी उसकी देह के गोलाकार पथ में भागने से अलग थी। कोई मानवीय सीमा जो उसके नाच को पारलौकिक होने से रोकती थी और ये विश्वास दिलाती थी कि सच में हम किसी का नृत्य देख

रहे हैं। हो सकता है उसकी देह की प्रत्यास्थता में कहीं कुछ काष्ठमय हो। हो सकता है उसके रिफ्लेक्सेज़ में कोई अनूठी बात हो या फिर ये, उसकी नाचती देह से अलग, कोई आकुलता भी हो सकती है जो संभवतः उसके जीवन में घटी किसी घटना से उसे जोड़ती थी। नाचते-नाचते उसे याद आया हो बुखार में तपता अपना बच्चा या बिटिया की कोई महँगी ज़िद। या अपनी कोई व्यक्तिगत पीड़ा जिसका उसकी देह की माँसपेशियों से कोई वास्ता न हो। कहीं गहरे किसी कोटर में छुपा दुःख या उसके अपने बचपन का कोई प्रसंग भी याद आया हो सकता है। नृत्य के यांत्रिक पक्ष से बिल्कुल हटकर थे उसके नाच में कंपन। तमाम भौतिकीय नियमों से परे। किन्हीं चुम्बकीय कंपनों से भी अलग। एक हल्की-सी थरथराहट। किसी निपुण और पेशेवर रक्कासा की लरज़ से बिल्कुल अलग जो कृत्रिम सकुचाहट से इन्हें पैदा करती है।

एक कुशल नृत्यांगना की तरह वो भी नाच की निरंतरता में कई अवकाश ढूँढ़ लेती थी। अपनी घूमती देह को एक संतुलन पर टिका कर उससे हट जाती थी और उपलब्ध अंतरालों में अपनी स्मृतियों को खेलने का मौक़ा देती थी। उन स्मृतियों का नृत्य वो अकेली देखती थी। दर्शक उसका नाच देखते थे और वो अपने विगत के नाच को।

घूमती देह ख़ुद रुकना भूल जाती। देह स्वयं उसके ही सम्मोहन में होती। उसका सम्मोहन अपने-आप नहीं टूटता। वो फिर लौटती थी नाच में।

नाच उसके गिरने पर ही समाप्त होता था। और ये नाच के दौरान रचे गए स्वाभाविक में सबसे असहज था। सृष्टि की गति के यकायक खो जाने जैसा। लय के टूटने की पीड़ा उपजाता। सब कुछ नष्ट करने के भाव से शुरू होता था नर्तन। पर धीरे-धीरे किसी आदिम लय से एकाकार होता यूँ रंग में आता कि देखने वाला उसके कभी समाप्त

न होने की प्रार्थना में कातरता से बैठ जाता। पर उसका कोई तार्किक समापन हो नहीं सकता था। इस नर्तन की कारा से बाहर आने के लिए काँच की भित्ति को तोड़ना ही होता। यूँ चटखकर ख़त्म होता था नाच। असल में ख़त्म नहीं टूटता था नाच। और लगता कि इसके टूटते ही जैसे बचेगा नहीं कुछ। दुनिया जैसे उसके नाच पर ही टिक गई थी। उसके वर्तुल में सृष्टि का पूरा वृत्त समा गया था।

पूरे नाच के दौरान उसमें जो स्थिर था वो थीं उसकी आँखें। अपना ही नाच ख़ुद देख रही हों जैसे, अलग हटकर। देखते हुए देह को उसके पागलपन से निकलते। दीर्घा में औरों के साथ इस नाच को वो भी उतने ही अविश्वसनीय भाव से देखतीं। हर बार। कब ये नाच उसके पेशे से अलग होकर विशुद्ध अतींद्रीय हो जाता था इसे कोई नहीं चिह्नित कर पाया। और दूसरी तरफ़, ये एक ऐंद्रिकता का भँवर ही था। देह का ही गान। उसी का उत्सव।

पता नहीं ये जगह कौन-सी थी। हाँ, ये पता था कि ये जगह कौन-सी नहीं थी। ये घर, बाज़ार, टाउन हाल, होटल, समारोह-स्थल, मंदिर या ऐसा कुछ नहीं था। ये किसी फ़िल्म का सेट भी नहीं था। देखने वालों को इससे मतलब नहीं था कि ये कहाँ हो रहा था। वो अपना भूगोल ख़ुद बनाती थी। और यूँ ये कहीं भी हो सकता था।

उसे आप सिर्फ़ एक नर्तकी नहीं कह सकते।

पार्क

पार्क जितना हरा हो सकता था, था। जितना सुंदर हो सकता था, था। एक रंगीन फव्वारा बिल्कुल बीचो-बीच। तरह-तरह के फूल, मुस्कुराते। झूले, स्लाइड्स, बेंचें, बच्चे, बूढ़े, युवा और माली। सब कुछ भरा-भरा-सा। पार्क शहर की गहमा-गहमी के केंद्र में टापू की तरह था। बाहर निकलते ही इसे सब तऱफ से सड़कें घेर लेती थीं। उन सड़कों पर बेहिसाब ट्रैफिक दौड़ता था। पार्क के बाहर सब कुछ बहुत जल्दी में था। कोई नामालूम रेस सबको भगाए जा रही थी और सब उसे पूरा करने की जल्दी में थे।

पार्क के अंदर, ठीक विपरीत, बिल्कुल स्लो-मोशन में सब-कुछ चलता था। शहर की दौड़ के रास्ते का लूप था पार्क। एक तेज़ भागते शहर को मुड़कर फिर तेज़ भागना था।

मुड़ने के दौरान शहर कुछ देर सुस्ताता था यहाँ। हाँफते शहर को अपनी साँसें नियंत्रित करने यहीं आना था। उसे इसके बाद फिर से शुरू करनी थी अपनी अंधी रेस। पार्क ही वो स्थान था जो इस शहर की गति सोख लेता था। उसकी अनियंत्रित साँसों में तारतम्य लाता था। जैसे कोई किसी बेचैन आदमी की दिमाग़ी खटर-पटर को कुछ देर के लिए टूल-डाउन करवा दे। उसे सम्मोहन के ज़रिये कुछ देर शांत कर दे। उस बदहवास को हल्की मदहोशी के आलम में ले आए। पार्क शहर की रफ़्तार को तो मंद करता ही था उसे एक बेहद हल्के नशे के आलम में भी ले आता था। पार्क के आकाश में उड़ते परिंदे के पर भी पर किसी खुमारी में उठते-गिरते लगते थे। अगर कोई बाहर से पार्क में घुसता और झूला झूलते बच्चों को देखता तो उसे झूला अपनी स्वाभाविक लय से भी धीरे, काफ़ी धीरे उतरता दिखता था।

पार्क के अंदर की दुनिया ईश्वर की डिज़ाइनर सृष्टि थी। फूलों की छटा एक विन्यास को बनाती थी। इन फूलों के रंगों का कोलाज आँख के स्वाभाविक उद्दीपन में एक प्यास भरता था। फूलों के आसपास मँडराते कीट-भ्रमर एक मोह में फँसे रहते। उनके लिए ये सब रंगीन सुरंगें थीं जो आपस में मिलकर एक-दूसरे में गुम हो जाती थीं। पार्क में बिछा घास का कालीन जादुईलोक की राजकुमारी के बाग़ीचे से लाया गया लगता था। घास की पत्तियाँ किसी की आहट भर से झुक जातीं, बिछ जातीं। वे थीं ही ऐसी। कोमल, स्पर्श-संकोची।

सुबह एक बार जागने पर पार्क बुज़ुर्गों के स्वागत में तैयार रहता था। नौकरी से रिटायर्ड ये बुज़ुर्ग बेचैनी से रात काटकर कुछ ज़्यादा ही जल्द सुबह होने की घोषणा कर देते। वे पार्क में आकर योगाचार्यों द्वारा बताए योग पर परस्पर चर्चा से आरोग्य के बहुत ऊँचे लगे फल को लपकने की कोशिश करते।

दैनिक अख़बारों के परिशिष्ट पन्नों पर चिपकी स्वास्थ्य विषयक ऊल-जलूल शोध रिपोर्टों को वेद वाक्यों की तरह सच मानते ये बुज़ुर्ग ज़िन्दगी की तनी रस्सी पर प्रकट में बेपरवाह दिखते हुए भी भरसक सावधानी से चलते। सुबह के इस वक़्त बच्चों के झूले ख़ाली पड़े रहते, अलबत्ता बेंचें आबाद होतीं। इन बेंचों पर कुछ देर, सच में बुज़ुर्ग ज़िन्दगी को हसरत भरी निगाहों से देखते और धूप के तीखा होने तक वहीं बैठे रहते। फिर उठने का उपक्रम करते। फिर सुस्ताते, बैठ जाते। जैसे सूरज निकलने में अभी वक़्त हो। असल में धूप तब तक सर पर आ चुकी होती। अंततः वे उठते। अगले दिन फिर आने के लिए। किसी नीम की निचली डाल से अपने लिए दातुन तोड़ते और चल देते। एक बार जब वे रवाना हो जाते तो अपने साथी बुज़ुर्गों से कोई बात नहीं करते। वे यूँ मुँह फेरते जैसे उनसे कभी मिले ही न हों। पार्क की तरफ़ भी किसी स्नेह से नहीं देख पाते थे वे। निर्लिप्त भाव उनमें जगह बनाकर अपना आकार बढ़ाता रहता। कल सुबह जब उनका फिर आना होगा तो बेंचों पर बैठे उन्हीं बुज़ुर्गों के चेहरों पर फिर से अनुराग का भाव देखने लायक़ होगा।

इस तरह वे राग-विराग-अनुराग सब एक ही दिन में जी लेते थे। वे बिना अपने बीमार घुटनों की परवाह किए राग से विराग और वैराग से अनुराग की दुनिया में पाँव धर लेते थे।

दोपहर में पास के दफ़्तरों से लंच में भागकर युवा सहकर्मी पार्क के गुमनाम कोनों को गरिमा प्रदान करते। दुनिया से ओट करते जवान लड़के और लड़कियाँ बाहर के ताप से बचते-बचाते यहाँ महफ़ूज़ जगह की तलाश में रहते। सामने तिरछी तरफ़ बेंच पर बैठा युगल पिछले कई दिनों से यहीं था। उधर पीछे बाएँ तरफ़ बैठा लड़का पुराने रिश्ते को ख़त्म कर किसी नए रिश्ते की डोर मज़बूत कर रहा था और वो उधर बैठी लड़की दो महीनों से अपनी हमेशा वाली जगह बैठी थी

पर एक नए साथी के साथ। पार्क रिश्तों के किसी क़ायदे से बेखबर इन सबकी मेज़बानी में जुटा था। फ़िलहाल, पार्क ही उनके इन रिश्तों का घर बना हुआ था। पार्क का माली इन सब नौजवानों को शक की नज़र से देखता था। फिर शाम को पार्क में नियमित वॉक पर आने वाले लोगों से वो दुपहरी के क़िस्से साझा करता था। इन क़िस्सों में वो अपनी फैंटेसी भी मिला लेता था। उसकी नज़र में दुपहरी के ये क़िस्से व्यभिचार की सत्यकथाएँ थीं जिनका गवाह वो ख़ुद था। तल्ख़ होकर वो इन युवाओं के कदाचरण पर टिप्पणी करता पर इनकी आफ्टरनून स्टोरीज़ के अंतरंग प्रसंगों को सुनाते वक़्त वो कई बार आनंदविभोर हो जाता था।

यूँ दोपहर में पार्क अपने चटख रंगों के साथ सूर्य की रोशनी में चमचमाता था। तितलियाँ कुछ और चंचल हो जातीं, गिलहरियाँ पेड़ के कोटरों में लुका-छिपी खेलतीं, परिंदों की आवाज़ गूँज मारती रहती। कुछ ऊँचे पेड़ों की डालियाँ दोपहर की पतली हवा से कभी-कभार हिलतीं फिर स्थिर हो जातीं। उनका अपनी जगह से हिलना बड़ा 'सटल' तरीक़े से होता था। देखने वाला स्थिर डाली को हिलने पर भी उसे कुछ क्षण थिर ही मानता और इस 'हिलने' को देखता प्रेक्षक उसके रुकने को कुछ पल बाद ही नोट कर पाता था। गतिमानता और थिरता में परस्पर स्थिति-परिवर्तन बड़ा ही सूक्ष्म तरीक़े से होता था। पर ये लीलाएँ अक्सर बिना किसी दर्शक के चलती रहती थीं। पार्क के जीव अपनी-अपनी दिनचर्याओं में ही मस्त रहते थे, व्यस्त रहते थे। कह सकते हैं कि माली के अलावा सब अपने में व्यस्त थे, मस्त थे। माली दोपहर में पार्क का पहरेदार हो जाता। उसकी सतर्क निगाहें ख़ुर्दबीन की शक्ल में हर सूक्ष्म गतिविधि को नोट करतीं। पार्क के वातावरण में तिल भर परिवर्तन भी उसकी दृष्टि के परास में आ जाता। वो दोपहर का बेचैन भन्नाता कीट था पर शाम होते-होते वो

शिथिल पड़ने लगता। वो बैठकर सुस्ताता और शाम को वॉक पर आने वालों का इंतज़ार करता।

शाम के समय बच्चों की फौज़ पार्क पर धावा बोलती और सभी झूलों पर कब्ज़ा कर लेती। स्लाइड पर बच्चों की फिसलन पार्क को गुदगुदाती, मेरी-गो-राउंड के साथ पार्क गोल-गोल घूम जाता और सी-सॉ पर ऊपर से नीचे आने पर पार्क को एक मीठी-सी झुरझुरी महसूस होती। पार्क शायद सबसे चुलबुला शाम को ही होता। उसके अंदर का बच्चा निकलकर पार्क में आए बच्चों में शामिल हो जाता। अपने मम्मी-पापा को छकाते बच्चे पार्क की लंबाई को नापते रहते और माँ-बाप हारकर बेंच का सहारा ले लेते। पार्क में जहाँ सब कुछ स्लो-मोशन में होता प्रतीत होता था, बच्चे इसका अपवाद थे। वे पार्क में चपलता और गति से कॉन्ट्रास्ट भरते थे। उनकी ऊर्जा का कुछ हिस्सा पार्क भी ले लेता था और सुस्ताते माँ-बाप को किनारे कर वो बच्चों के खेल में शामिल हो जाता।

रंगीन फव्वारे और रोशनी रात में पार्क के मिज़ाज को बदल देते। लोगों के चेहरों पर पीली और दूधिया रोशनी का परावर्तन ऐंद्रजालिक प्रभाव उत्पन्न करता था। सब कुछ मायावी लगने लगता। लगता जैसे कोई भी सहजता से उड़कर आ सकता था और एक स्पार्कल के साथ गायब भी हो सकता था

बस की लय को पकड़ते हुए

ये बस ऐसे दो रेगिस्तानी ज़िला मुख्यालयों को जोड़ती है जो दिन में शहर और रात में गाँव हो जाते हैं। सुबह ये दोनों शहर का सपना लिए जगते हैं और रात को गाँव-सा सन्नाटा लिए सो जाते हैं। इन दोनों जगहों के बीच का रास्ता एक चुप्पा ख़ामोशी में गुज़रता है। इस रास्ते पर सिर्फ़ कहीं-कहीं जीवन दिखाई देता है और कहीं-कहीं इतिहास अपने भग्नावशेषों में बोलता है। दिन में रास्ते की सड़क के कोलतार पर बेतरह सूरज की मार पड़ती है। ऊपर पतली और गर्म हवा में कोई परिंदा आसमान को तिरछा काटता चला जाता है। एनएच-15 के इस खंड के दोनों ओर की रेत को कभी-कभार हवा एकदम से ऊपर उठाकर गोल घुमा देती है। रास्ते की इसी रेत में कहीं-कहीं चौपायों के कंकाल आधे धँसे हैं। अक्सर हवा के साथ सरकती रेत किसी कंकाल की आँख के कोटर से होकर गुज़र जाती

है। रेत का ही मायावी खेल है रास्ते भर में। रात में रास्ते के इसी भौगोलिक अंतराल में तारे अपनी दूनी चमक से दीप्त होते हैं।

सरकारी बस इनमें से एक शहर से रवाना होती है, अपने जैसे ही दूसरे शहर के लिए। रवाना होते वक़्त उसकी खिड़की से शहर छूटता दिखाई पड़ता है और इमारतें विदा करती हैं, अपने शिल्प की ख़ास भंगिमाओं को थोड़ा छोड़ते हुए। लगभग जैसे उचकते हुए वे बस को विदाई देती हैं। कुछ सदी पहले की ये इमारतें हर आने और जाने वाले को अपनी अनुभवी और उम्रदराज़ आँखों से देखती हैं। पर उनका हर आने-जाने वाले को देखना शक्की नज़र से देखना नहीं हैं, बल्कि इसमें एक दोस्ताना भाव है।

ड्राइवर थोड़ा आगे ख़ाली सड़क पर बस को टॉप गियर में डालता है। उसके चेहरे पर आश्वस्ति के भाव हैं। वो इस रूट का बरसों पुराना चालक है। उसकी मूँछें उसके खुरदरे चेहरे को और कठोरता प्रदान करती हैं। गंतव्य तक का कुल फ़ासला डेढ़ सौ किलोमीटर का है। बस के बीच में तीन स्टॉप हैं जिनमें एक कुछ ज़्यादा देर का स्टॉप है जहाँ सवारियाँ उतरकर चाय भी पीती हैं, जैसा कि अक्सर लंबी लगने वाली यात्राओं में होता है। ये बस कहने को तो एक्सप्रेस बस है पर असल में इन दो शहरों के बीच तीन से ज़्यादा रुकने लायक़ स्टॉप हैं भी नहीं। जनशून्यता के बीच कहीं-कहीं आबादी के टापू। उसके अलावा रेत का मटमैला परिदृश्य ही दिखाई देता है। इस मटमैले परिदृश्य में व्यवधान के तौर पर दिखते हैं कुछ पेड़ जो अपनी सारी ऊर्जा झोंक कर सिर्फ़ हरे होने के अहसास को ही ज़िंदा रख पाए हैं। और दिखते हैं ऊँटों के टोले जो अनंत यात्रा के रूपक की तरह लगते हैं। उन्हें देखकर यात्रा की निरंतरता के बारे में ही सोचा जा सकता है।

चलती हुई बस के भीतर देखने पर ही जीवन कुछ नज़दीक

लगता है। हाड़-माँस के पुतले भी आश्वस्ति और विश्वास का भाव जगाते हैं। यहाँ पीछे की सीटों पर लोगों के साथ स्थान साझा करते हैं बकरी के शावक। बस में कंडक्टर को देखकर कुछ अजीब लगता है पर फिर याद आता है कि सरकार भले ही हर जगह न हो उसके मुलाज़िम हर जगह होते हैं।

पहले स्टॉप पर बस रुकती है। कुछ सवारियाँ उतरती हैं, एक-दो चढ़ती हैं।

इस जगह में शहर के नज़दीक होने का दर्प है। ये दीगर बात है कि जिसके नज़दीक होने पर वो इतराती है उसे भी क़ायदे का शहर होने का गुमान नहीं। यहाँ मकानों में थोड़ा शहरी लटका है। कुछ दुपहिया वाहन भी दिखाई दे रहे हैं। बस स्टॉप पर एक दुकान है जहाँ किराना, दवाइयाँ, सब्ज़ी वग़ैरह सबकुछ मिलता है। इसे सुपरस्टोर का प्रोटो-टाइप न समझें। ये कुछ-कुछ वैसा ही है जैसे आदिवासियों के गाँव में ओझा सारे काम कर देता है। झाड़फूँक भी कर देता है। जड़ी-बूटियाँ भी देता है। उस एक आदमी को ऊपर और नीचे के दोनों लोकों की ख़बर रखनी होती है। तो गाँव की दुकान को सुपरस्टोर भी होना पड़ता है, मेडिकल स्टोर भी होना होता है। और बस अड्डे के पास भी होना होता है। शाम को यही दुकान देसी मदिरा की दुकान और बार की भूमिका में भी आ जाती है।

बस फिर लय पकड़ती है। आगे एक मोड़ पर ड्राईवर हॉर्न बजाता है। सामने से कोई नहीं आ रहा, एक हाज़री-सी दी गई है लोकदेवता के थान को। किसी अनिष्ट से मुलाक़ात न हो। बारात वाली बसें तो बाक़ायदा थान पर रुककर अफीम, सिगरेट या खोपरा भी अर्पित करती हैं। थान सड़क के मोड़ पर खेजड़ी के पेड़ के नीचे है। खेजड़ी की डालियाँ छितराई हैं और पत्तियाँ अधिकांशतः झड़ी हुई हैं। पेड़ की सेहत ठीक-ठाक है, पर इस जगह ज़रूरी पानी बचाने का उपक्रम

सभी करते हैं, अपने-अपने तरीक़ों से।

अगला स्टॉप आ गया है। बाहर एक पुराने क़िले के खंडहर हैं। उपेक्षित। राज्याभिषेक, बलि, आक्रमण, रनिवास, लूट, षड्यंत्र, छल, रुदन और हत्या जैसे कई प्रसंगों को साथ लिए इसकी मीनारें और प्राचीर भू-शायी हो गईं। धरती के कठोर-से-कठोर पदार्थ भी काल के लिए उसकी रेतघड़ी से फिसलते भुरभुरे कण ही हैं। पास ही चाय की दुकान पर गाँव वाले बातों में मशगूल हैं। उनकी बातचीत का विषय क़िला न होकर 'काळ' है, जो लगातार तीसरे साल भी छाती पर बैठा है। क़िले के इतिहास के विषय में कोई नहीं जानता। यहाँ टूरिस्ट नहीं आते इसलिए इतिहास का गाईडी गड्ड-मड्ड संस्करण भी बन नहीं पाया है। लोकस्मृति में कूटल-सकीना की प्रेमकथा का राग ज़रूर बजता है। गड़रिये को गाँव के मुखिया की लड़की से प्रेम हो गया था। ये प्रेम गड़रिये की मर्दाना सुंदरता से नहीं था, उसके नड़ बजाने के हुनर से था जो चाँदनी रात में रेत के असीम विस्तार को हूरों की दुनिया में तब्दील कर देता था। और हर प्रेमकथा की तरह इसकी कहानी भी अंततः गालों पर अश्रुधार की तरह बहती है।

बस फिर दौड़ती है। पूरे रास्ते में किसी गाँव या आदमी का दिखना एक सुखद क्रम-भंग की तरह होता है। स्टॉप से बस का प्रस्थान पीछे छूटते अनजान लोगों के प्रति भारी बिछोह को जन्म देता है। आदमी से मेल हर्ष का विषय है। आख़िर कहाँ रोज़-रोज़ मिलता और दिखता है आदमी!

बस की गति फिर मंथर पड़ गई है। ये वाला स्टॉप कुछ देर का है। यहाँ चाय पी जाएगी। यहाँ की चाय के साथ प्याज़ की पकौड़ियाँ आँख मूँदकर अनुभव करने की चीज़ हैं। गाँव से बड़ी और क़स्बे से छोटी ये जगह जो भी हो प्याज़ की पकौड़ियों के लिए याद रखी जाने लायक़ है। सामने ही बस्ती के घर दिखाई दे जाते हैं। कच्चे-पक्के

सब तरह के। नए पुराने भी। नए बिल्कुल नए नहीं हैं बल्कि पुराने का सुधरा हुआ रूप हैं। कई घर बेहद पुराने भी हैं। लड़खड़ाए हुए। सब घर आबाद नहीं है। कुछ ख़ाली हैं। पुराने। जिनकी छतों से टुकड़ा भर आसमान भी दिखाई पड़ता है। छत घर का ज़रूरी वस्त्र है। उसका खिसकना घर पसंद नहीं करते पर जब घर आबाद नहीं हो तो घर ख़ुद अपनी उम्र से आगे नहीं जा सकता। इस जगह के ऐसे घरों में भूतों का वास है। ये भूत इसी गाँव के बाशिंदे हैं। कहते हैं ये गाँव के कर्मकांडी लोग थे जो इस जगह के प्याज़ की पकौड़ियों की हसरत लिए ही विदा हो गए। वे तेल में खौलते इस हैरतअंगेज़ स्वाद से ज़बरन वंचित थे। उनके लिए खाद्य-अखाद्य सुनिश्चित था। एक स्व-निर्मित मर्यादा। अलंघ्य लक्ष्मण रेखा। फाँदी न जा सकने वाली कारा-भित्ति। यजमान-वृत्ति के लिए इसे तोड़ना या लाँघना फलदायी नहीं था। पर इस स्वाद के लिए अपना मोक्ष भी स्थगित रखे हुए हैं ये लोग।

बस रवाना होती है, रफ़्तार पकड़ती है।

विश्व-ग्राम की चौंध मारती रोशनी से दूर ये बस लगभग रात पड़ते, अँधेरे के स्थाई भाव में जीते अपने गंतव्य में दाख़िल होती है। बस-अड्डे पर पहुँचते-पहुँचते दिखता है कि ये जगह टीले की तलहटी में ऊँघने चली गई है। बस-अड्डे पर इक्का-दुक्का लोग हैं और इधर-उधर लटकी पीली रोशनियाँ हैं। एक आदमी यहीं किसी कोने में सोया पड़ा है। वो शायद सुबह की पहली बस में बैठकर यहाँ से चलता बनेगा। रात चढ़ने पर इस जगह हवा की साँय-साँय ही सुनाई देगी। और इसमें फँसी रेत के लक्ष्यहीन नाच में कूटल-सकीना जैसी ही कोई स्थानीय प्रेमकथा कुछ लय लाने की कोशिश करेगी।

एक करवट और

उसकी बेचैनी औंधे गिरे भृंग की तरह थी जो सिर्फ़ एक जीवनदायी करवट चाहता था। एक अर्ध-घूर्णन। फिर सबकुछ ठीक हो जाएगा। या कम-से-कम ऐसी उम्मीद की जा सकती थी। उल्टा पड़ा कीड़ा जैसे अनंत शून्य में अपनी आठों टाँगों की बेहाल हरकतों में कोई खुरदरा आधार ढूँढ़ता है। कुछ वैसी ही मचल मची थी भीतर। एक गहरा गड्ढा जो हर अस्तित्व को नश्वरता में धकेलता था, उसी गड्ढे में तेज़ी से गिरा जा रहा था वो। समय का सूक्ष्मांश ही था उसके पास जो उसकी बेचैनी की रील को चलाए जा रहा था।

ये सीधा-सादा मृत्युबोध नहीं था बल्कि उससे भी ज़्यादा गहरा ज़्यादा अंधकारमय था। इसमें एक बेचैनी भी थी जिसमें बाज़ी के ख़त्म होने की घोषणा नहीं हुई थी। कंधे चित्त

थे पर रैफरी उसकी बेचैनी से तय नहीं कर पा रहा था और फ़ैसला करने में अभी तकनीकी अवकाश बीच में था। एक पलटी से वो फिर गेम में आ सकता था। पर उसकी छटपटाहट में एक हताशा थी। उसकी चेष्टाओं में दिशाहीनता थी। हार की स्वीकारोक्ति थी। ये स्वीकरण खेल भावना की अभिव्यक्ति जैसा नहीं था। बल्कि इसमें मृत्यु की छाया झलकती थी। सिर्फ़ आधा ही घुमाना था शरीर को, पर कोई धुरी न होने से ये संभावित नहीं था। इसकी संभावना यद्यपि थी। शरीर को उतना ही मोड़ना था जितना उसे मोड़ा जा सकता था। बल्कि उसकी अधिकतम संभव गुंजाइश से काफ़ी कम में ही काम चल जाने वाला था। पर ज़रूरी कुछ अंश की करवट जीवन और मृत्यु का प्रश्न बन गई थी। इस हाल में उसके सामने ज़िंदगी और मौत का एक बेहद बुनियादी और सीधा-सा सवाल भर रह गया था। उसकी कोशिशों की मात्रा और संभावित परिणाम के बीच कोई तार्किक संबंध नहीं रह गया था। हो सकता था और जिसकी भरपूर आशंका थी कि उसकी हरकतें अभीष्ट तक पहुँचने में कामयाब न हो पाएँ। उसकी छटपटाहट में इसकी स्वीकारोक्ति नज़र आती थी। पर वो ये भी जानता था और इसके लिए बहुत समझदार होने की आवश्यकता नहीं थी कि इन सबके बावजूद सिर्फ़ एक अवसर, एक बेहद कमज़ोर फेवर से उसका काम बन सकता था। किसी राह चलते की ठोकर से वो फिर ऐसे खड़ा हो सकता था जैसे कुछ हुआ ही न हो। वो घिसटता-घिसटता पास की दीवार के पास जाकर पार्श्व से ख़ुद को ठेलकर ऐसे सीधा हो सकता था कि इससे आसान कभी कुछ था ही नहीं। कुछ भी हो सकता था। बस इस तरह से वो यूँ तो सबसे असंभव सूरत में था पर इससे भिन्न किसी भी परिस्थिति के उपस्थित होने पर वो हमेशा गेम में आ सकता था।

इसीलिए उसकी तमाम यांत्रिक क्रियाएँ भले ही शरीर की अपने

अस्तित्व को बचा ले जाने की चेष्टाओं जैसी थीं पर उसके भीतर, इतनी देर बाद अब कुछ और सवाल पैदा हो चुके थे। संभावित बचाव की सूरत में उसका दिमाग़ फिर से रोज़मर्रापन में झोंके जाने की अनिवार्यता से जंग लड़ रहा था। वो चाहता था, करवट बदलने के बाद भी फ़ौरी तौर पर उसे एक लगभग निर्वात मिल जाए। शब्दरोधी निर्वात। बाहर के इस भीषण शोर ने उसके कानों को मद्धम स्पंदन सुनने लायक़ ही नहीं छोड़ा था। संवेदी तंतुओं के सिरों को फिर से जो आवेशग्राही बना सके। उसे एक बार की एक ऐसी अवस्था चाहिए थी कि जिसमें चेतना एक बेहद हल्की दीप्ति में ही हो।

बस पाँव के अँगूठों के पोर पर ही हो महसूस करने जैसा कुछ।

वो जीवन की करवट में लौटने के बाद और दुनिया में जाने से पहले सब कुछ शून्य से प्रारंभ चाहता था। पर उसका शरीर अब भी तड़प से भरा था।

नींद में, उससे बाहर

ढाबे पर बस रुकती है। ये रात की बस है जो एक छोटे शहर को एक लगभग महानगर से जोड़ती है। इस जगह के ढाबे पर रुकने से पहले न जाने कितनी देर तक बस अँधेरे में चलती रही थी। उसकी हेडलाइट की रोशनी से सड़क के किनारे बैठे जंगली जानवर की आँखें चमक उठती थीं। अंदर यात्री अपनी पुशबैक सीटों पर नींद में एक ओर लुढ़के पड़े थे। सड़क पर कोई खड्डा उनकी नींद को क्षणभर के लिए तोड़ देता। वे फिर सो जाते। उनमें से कइयों के खर्राटे ये संकेत थे कि बस भले ही बीहड़ से गुज़र रही हो, वे अपने सपनों की मखमली दुनिया में थे। कुछ ऐसे भी थे जो जाग रहे थे। अपनी आँखे पूरी फाड़कर। वे क्यों जाग रहे थे, मालूम नहीं। शायद उन्हें बस में नींद नहीं आती थी। शायद वे डरते थे कि कहीं एक्सीडेंट हो गया तो वे नींद में ही मर जाएँगे। शायद वे इस बात के वोटरी थे

कि उन्हें मरते समय इस बात का पता होने का पूरा हक़ है कि वे मर रहे हैं। शायद वे यूँ ही बेवजह जगे रहते थे। शायद उन्हें घर में भी नींद नहीं आती थी। पर कुछ ही ऐसे थे जो जग रहे थे। बस के बाक़ी लोग नींद के गाढ़ेपन में उतरे हुए थे। वे अपनी सीट पर हर संभव मुद्रा में लुढ़के हुए थे, फिर भी नींद में थे। उन्हें देखकर आश्वस्त हुआ जा सकता था कि दुनिया बनी रहेगी।

एक झटके के साथ बस रुकती है। सोए हुए मुसाफ़िर इस तरह नींद टूटने से चिड़चिड़े हो गए हैं। बाहर कोई ढाबा है। ड्राइवर और परिचालक यहाँ खाना खाएँगे। कुछ यात्री भी ऐसा ही करेंगे। शायद। रात काफ़ी हो चुकी है। माहौल में उमस है। ढाबा बल्ब की पीली रोशनी में बेहद व्यस्त है। और भी दो बसें और कुछ ट्रक रुके हैं। हर सब्ज़ी में पनीर है। दाल में लाल मिर्च और लहसुन का तड़का है। रोटियाँ तंदूरी हैं। ये हमारे देश के हाइवे का राष्ट्रीय मैन्यू है।

बहुत कम लोग ही उतरे हैं यहाँ। ज़्यादातर बस में और नींद में हैं। जो लोग उतरे हैं वे भी किसी ट्रांस में चलते हुए लगते हैं। दिमाग़ नींद से बाहर आने को तैयार नहीं है। वो रिज़िस्ट करता है। एक द्वंद्व है, जो चलता है साथ-साथ। मुसाफ़िर को बस में जाकर वापस सोना है पर इस अंतराल का उपयोग वो वैसा ही करना चाहता है जैसा बस हाल्ट का प्रयोजन है। वो नींद के सबसे बाहरी घेरे को तोड़कर पूरी तरह आज़ाद नहीं होता। नींद उसके साथ-साथ चलती रहती है। सबसे सजग ढाबे का मालिक है जो अपने चरम साहूकार रूप में नज़र आता है। उसके लिए नींद एक ग़ैर-ज़रूरी शय है जिसे पास फटकने पर भी हड़का देना है। हाँ, उसका इस्तेमाल सुविधानुसार करना है। ये उसका साहूकार रूप उसे सिखाता आया है। काम करने वाले लड़के नींद से, बीमारी से और ज़िन्दगी से लड़ते हैं। उनके लिए नींद ही बिछौना है जिस पर वो छलांग लगाकर गिर जाना चाहते हैं। नींद आमंत्रण की

तरह उनके पास आती रहती है। वे इनकार करते रहते हैं। और नींद तब भी उनके पास मँडराती है। इस बार उनके लिए कुछ सपने साथ लाने के प्रलोभन के साथ, पर बच्चे उसे परे झटकते हैं। ढाबे की सिस्टर कंसर्न एक पान की दुकान है। जिसमें गोविंदा पर फ़िल्माया एक गाना फुल वॉल्यूम पर चल रहा है। रात में बात करने में सुर कहाँ रखा जाय इसका भी क़ायदा होता है। ऐसे में इतनी ऊँची आवाज़ में गाना-बजाना भी एक अश्लील हरकत लग रही है। रात के इस वक़्त यहाँ सवारियों में कई तो इसलिए उतरी हैं कि पेशाब का मौक़ा अब आगे नहीं मिलेगा और लगे हाथ चाय भी पी लें। और कुछ खाने के लिए सीधे टेबल पर जा बैठी हैं।

खाना लग गया है।

रोटियाँ और तीखी सब्ज़ी बेस्वादी लगती है। शायद असमय या 'कुवेला' इसका कारण हो। आधी नींद में देर रात के इस भोजन का दृश्य कुछ अटपटा लगता है। लोग नींद से पूरी तरह बाहर न आ पाने से धीरे-धीरे मुँह चला रहे हैं। बहुत देर तक उनके गले में जली हुई रोटियों की गंध रहती है। तेज़ मिर्च से उनकी आँखें डबडबा गई हैं।

इस उमस और ढाबे की तेज़ रोशनी में बड़े-बड़े टिड्डे प्रणय-उड़ान भर रहे हैं। नीचे गिरते वक़्त उन्हें कोई भान नहीं है। वे किसी की शर्ट में धँस रहे हैं तो कभी किसी के कॉलर में घुसे जा रहे हैं। उनकी एकमात्र इच्छा सबकुछ हैरतअंगेज़ करवा रही है। इन सब बातों से बिल्कुल अप्रभावित, लोग चाय पी रहे हैं।

"एक युवती क्यों अपने शयन को छोड़ यहाँ उतरी है? इस वक़्त उसके मन में क्या चल रहा है?" हमारे श्रीमान जी को इस कुसमय में कुछ नहीं सुहा रहा पर दिमाग़ में हार्मोन का वेग टिड्डों से टक्कर लेने लग गया है। युवती बस के खड़े होने पर रुकी हवा से जग गई थी और बाहर की ताज़ा हवा के चक्कर में उतर आई थी। लेकिन

बाहर की उमस और शोर ने और परेशान कर दिया। अब वो वापस बस में चढ़ गई है। मस्तिष्क में होर्मोन्स का वेग संभालते श्रीमान जी की प्रणय-उड़ान की भी इसके साथ ही क्रेश-लेंडिंग हो गई।

कुछ ही देर में बस ढाबे की आक्रामक रोशनी को छोड़ फिर से मखमली अँधेरे में घुसी जा रही थी। नींद फिर सभी सीटों पर पसर रही थी। लगता है ये ढाबे वाला स्टॉप कोई बुरा सपना था। बस में सोए यात्री कितने मासूम लग रहे थे! वे कहीं भी लुढ़के जा रहे थे। बस की गति ने उन्हें फिर नींद लौटा दी थी। वे बच्चों की तरह सो रहे थे। विश्वास करना मुश्किल है कि सुबह जब बस इन्हें अपने गंतव्य पर छोड़ रही होगी, ये नींद और मासूमियत की केंचुल यहीं, इसी बस में छोड़ जाएँगे। बस के दरवाज़े से बाहर आते वक़्त फिर से कोई अपने सेल्समेन वाले रूप में होगा, कोई अपने अफ़सर को जगा रहा होगा। हर कोई दुनिया में अपनी भूमिका को लेकर फिर से सजग हो चुका होगा।

पर शायद कुछ इनमें भी बचे रहेंगे उसी मासूम चेहरे के साथ जो सारी रात बस की सीट पर टिका सो रहा था। कल सबसे ज़्यादा ठोकरें इन्हीं के खाते में लिखी हैं।

छोर की दुनिया और चमक के द्वीप

जिस जगह वो रहता था वहाँ से आगे कोई बस्ती नहीं थी। कई पीढ़ियों से इस आख़री बस्ती के छोर से आगे जाने की अघोषित मनाही थी। गाँव के लोग सरगोशियों में बात करते और बच्चों को इशारों-इशारों में उस तरफ़ जाने से मना करते। किंवदंतियाँ भी सच का अंश लेकर ही खड़ी की जाती हैं और प्रचलित स्थानीय कथाएँ सुन-सुनकर उसे पक्का विश्वास हो गया था कि दुनिया के गोल होने की बातें महज़ बकवास थीं। और दुनिया का छोर इसी बस्ती से आगे ही कहीं है, जहाँ धरती एकदम किसी तीक्ष्ण किनारे में समाप्त होकर एक बड़े ही भयावह और अंतहीन खड्ड में गिर जाती थी। चूँकि ये दुनिया का छोर था इसलिए इस खड्ड में सब कुछ त्याज्य, ग़ैर-ज़रूरी और अक्षम ठेल दिया जाता था। इस तरह ये एक विशालतम कचरा-पात्र था और दुनिया आख़िर इसी कचरापात्र में समाप्त

हो जाती थी। इस गाँव के लोग धरती की स्मृतियों से भी विस्थापित लोग थे। वे जगह-जगह से बुहारे हुए लोग थे। इस आख़िरी जगह वे किसी तरह टिक गए थे। क्योंकि वे 'ज्ञात सबकुछ' से भी बाहर हो गए थे। उनके बारे में कोई जानकारी नहीं थी इसलिए एक तरह से वे थे ही नहीं। वे किसी मानवविज्ञानी के रजिस्टर में भी नहीं रह गए थे। उनके बचे होने के बारे में 'बीच में' बसे यानी अंदरूनी दुनिया के किसी भी व्यक्ति को मालूम नहीं था और (क्योंकि) किसी को इसकी ज़रूरत भी नहीं रह गई थी।

इस गाँव के लोग अंततः इसी विराट खड्ड में कचरे की तरह ठेल दिए जाएँगे। तमाम से निर्वासित होकर ही उन्हें यहाँ छोर पर रहने की जगह मिली थी और ये निर्वासन सतत् और क्रमिक होता गया था। अंतिम जगह इसी महान कूड़ालोक में मिलनी थी। ऐसा नहीं था कि ये गाँव ही इस कूड़ालोक से ठीक पहले का आख़री गाँव था बल्कि ये नियति और भी कई बसावटों की थी। हर करकटलोक के किनारे एक महान झोपड़पट्टी विकसित होती है। बल्कि दोनों में कोई संरचनात्मक फ़र्क़ नहीं होता। उसी तरह बहुत सारे गाँव धरती के छोर पर बसे थे। उन गाँवों के लोग हमेशा डरे रहते थे कि उन्हें कभी भी, नीचे बजबजाते लोक में ठेल दिया जाएगा। डर कई संततियों के व्यक्तित्व में नैसर्गिक रूप से समा गया था। उसने हरेक को उसके चेहरे की माँसपेशियों में आवश्यक परिवर्तन करके उसे स्थाई रूप से भयभीत बना दिया था। वे सब हर काम इसी डरे हुए चेहरे के साथ करते। प्रेम करते वक़्त भी वे डरे हुए रहते। लड़की इसे बुरा नहीं मानती क्योंकि वो ख़ुद भी वैसी ही थी। और उसने हर समवय पुरुष को ऐसा ही देखा था। एक नया ही सौंदर्यशास्त्र विकसित हो गया था। बच्चे, जवान और बूढ़े, सभी डरे हुए।

उनकी बसावटें अँधेरों में रहती थीं। गर्मियों में सूरज का दाह उनके टीन-टप्पर तोड़कर घरों में घुस जाता। वो हर चीज़ को जला

डालने की ज़िद थामे रहता। उनकी मटकियाँ उबलने लगतीं, बच्चों के गले सूज जाते, स्त्रियों की आँख का पानी भाप बनकर उड़ जाता। और सर्दियों में दिन पूरे चौबीस घंटे उनकी परीक्षा लेता। हिमदाह से उनकी चमड़ी पर नीले निशान बन जाते। उनकी आँखें पुतलियों सहित जम जातीं। वे इस तीव्रता के बने रहने तक निर्निमेष ही देखते रहते। हर तत्कालीन मौसम उनके लिए बुरा होता इसलिए वे हर अगले मौसम की ही प्रतीक्षा करते रहते। सिर्.फ मौसम ही नहीं बल्कि वे सुबह होती तो दुपहरी और दुपहरी में शाम का ही इंतज़ार करते। उनके जीवन के हर दिन का हर प्रहर प्रतीक्षा में ही लगा रहता था। शायद वे इसीलिए जीवन-यात्रा में बने हुए थे कि उन्हें हर अगली बार में बेहतर होने की उम्मीद थी। और जिसकी प्रतीक्षा में वे थोड़ा और जी लेते थे। वो बेहतर क्या था, इसकी सही परिभाषा यद्यपि उनके पास नहीं थी। मौसमों का बेहतर हो जाना भी उनके जीवन के बेहतर हो जाने की गारंटी नहीं था, बल्कि ये तो तात्कालिक राहत की तरह ही होता। अतः अंततः जीवन अपने विकराल रूप में ही था। असल में वे बेहतर की उम्मीद ही कर रहे थे, उन्हें ख़ुद पता नहीं था कि उनके लिए बेहतर क्या था। अँधेरे और उमस से भरे जीवन में कुछ भी अच्छा होना कितना सुदूर था! लगभग छलावे की तरह। मरीचिका जैसा कुछ। और इसके बावजूद उनकी उम्मीद में पानी का सोता हमेशा तब भी बना हुआ था।

पृथ्वी के भीतर की एक और दुनिया के बारे में वे ज़्यादा कुछ नहीं जानते थे। वो उनके लिए किंवदंतियों में कहीं बसी थी। इसी भीतर की दुनिया से वे कभी निकाले गए थे, पर इसकी स्मृतियाँ उनके पूर्वजों के साथ ही समाप्त हो गईं। स्मृतियों के क़िस्से ज़रूर प्रचलित थे यद्यपि उनमें सिर्.फ इतना ही सच ढूँढ़ा जा सकता था जितना विश्व-सभ्यता की एक उस प्राक्कथा में रह गया था जिसमें एक आदिम बाढ़ में तारणहार बनी इकलौती नाव में कुछ ही बच पाए थे। तो उन

स्मृतियों के क़िस्सों में जो सच बचा रह गया था वो इतना तो था ही कि इस उमस भरे गीले अँधेरे से बहुत दूर चकाचौंध से भरी एक और दुनिया थी।

ये भीतर की ओर बसी दुनिया थी। यहाँ बसे लोगों और छोर पर बसे लोगों में सिर्फ़ जेनेटिक समानता ही थी और इस समानता में भी शायद अब फ़र्क़ बढ़ता जा रहा था। बाक़ी कोई मिलती-जुलती बात अगर कोई रह गई थी तो उपलब्ध तकनीक से तो उसे देखा नहीं जा सकता था। स्पेक्ट्रम के विपरीत छोर पर ये 'दूसरी' दुनिया क़िलेबंद द्वीप की तरह थी, जिसकी भित्तियाँ अभेद्य थीं। इन दीवारों में दरवाज़े नहीं थे। उनकी ज़रूरत भी क्या थी? इस दुनिया से बाहर जाने की ज़रूरत ही नहीं थी। ऐसा नहीं था कि यहाँ से कोई बाहर जाता नहीं था, बल्कि कई लोग बाहर जाते थे पर उन्हें ठेला जाता था, भगाया जाता था। उनके पीछे ख़ूँख़ार कुत्ते छोड़े जाते थे। भीतर के संसाधनों पर चोट होते ही सक्षमों में से अपेक्षया कमज़ोरों को बाहर फेंक दिया जाता था। इसके लिए किसी दरवाज़े की ज़रूरत नहीं थी। जिस रास्ते से उच्छिष्ट बाहर जाता था उसी रास्ते से उन्हें भी रवाना किया जाता, बहा दिया जाता, धकेल दिया जाता। इसके लिए किसी लंबी-चौड़ी प्रक्रिया की ज़रूरत नहीं थी। बस, इंचार्ज की अपनी कल्पनाशीलता ही पर्याप्त थी। लगातार धकेल देने का प्रोसेस सभ्यता की चमक बनाए रखने के लिए ज़रूरी था। भीतर स्थित दुनिया का ज़र्रा-ज़र्रा चमकता था। किसी सूरज की ज़रूरत नहीं थी। कोने-कोने को चमक से भर दिया गया था। उसके अंदरूनी कोनों पर मामूली-सी छाया को भी अँधेरे का अंश मानकर बाहर फेंक दिया गया था। इस दुनिया की चमक थी ही कुछ ऐसी जो रात को निर्जन सड़कों पर बेशुमार बिखरी रहती थी, जबकि पाँचसितारा पार्टियाँ आभासी अँधेरे में, कोलाहल के साथ परवान चढ़ा करती थीं।

नील-लोक

जिस जगह वो रहता आया था, वो जगह समंदर से बहुत दूर थी। न घर की छत से, न ऊँचे पेड़ से और न पानी की टंकी से, कहीं से भी समंदर दिखाई नहीं देता था। दक्षिण से बहती हवाओं से भी सागर की नमकीन गंध वहाँ तक पहुँच नहीं पाती थी। समुद्री घास या शैवालों को भी उसके यहाँ से सूँघना मुमकिन न था। पानी के तालाब, जो राजाओं के बनवाए हुए थे, उनके पीछे सागर या समंद द्वितीय पद के तौर पर लगा होता था। पर वो जानता था वो महज एक शब्द भर हैं। अतिशयोक्ति की तरह। सागर या समुद्र महान जलराशि है, उसकी अपनी एक अलग दुनिया है। समुद्र उसके लिए सुदूर जलराशि की तरह था। उसके अपने परिचित भूगोल से बाहर। बहुत बाहर। पर कुछ ऐसा था कि समुद्र फिर भी उसकी चेतना में टिमटिमाता रहता था, किसी तारे की तरह। सुदूर। पर हमेशा उसके आसपास,

जिसे ऊपर देखने भर से पा लिया जा सकता था।

यद्यपि उसने समुद्र को कुछेक बार ही देखा था पर उसके भीतर समुद्री यात्राओं की गाढ़ी स्मृतियाँ थीं। उसने विश्व की कुछ महान यात्राओं के बारे में पढ़ रखा था और उनमें समुद्र का एक बड़ा महत्वपूर्ण भाग था। बल्कि समुद्र उन यात्रा-विवरणों को अपनी भारी-भरकम उपस्थिति से आक्रांत-सा करता था। वो उन वृत्तांतों में हर जगह दिखाई देता था। जल-जंतुओं की विचित्र दुनिया, उसकी छाती पर चलने वाले जहाज़, उसके नीले जल पर नर्तन करती सूर्य-रश्मियाँ। एक बेहतरीन दृश्य। पर इससे भी ज़्यादा वो एक ऐसा व्यक्तित्व था जिससे वो प्रभावित-सा था। उसकी समुद्र को लेकर समझ में किसी गोताखोर या जहाज़ के कप्तान जैसी समझ क़तई नहीं थी। और वो समुद्र को 'उतना' समझना भी नहीं चाहता था। एक दुनिया के तौर पर समुद्र अबूझ था। पर तय था कि यात्राओं, क़िस्सों के पात्र के तौर पर वो बेहद प्रभावित करने वाला था और इस रूप में उसकी विशेषताओं के कारण ही शायद समुद्र ने उसके मन को गहन कृतज्ञता से भर दिया था। उसे लगता था कि तमाम निर्दयता के बावजूद समुद्र आदमी से किलोल ही करता है, जो कि उसका स्वभाव है और हम बस किसी तात्कालिक परिणाम से ही उसके क्रूर या दयालु होने का अनुमान लगाते हैं। मानव के बरक्स उसे खड़ा करके हम उसमें मानवीय गुणों की उपस्थिति की इच्छा नहीं कर सकते। इस महान जलराशि में पलने वाले और मरने वाले तमाम जीव-जंतुओं के जीवित बने रहने के ख़िलाफ़ पल-पल खड़े होने, महान समुद्री यात्राओं पर निकले जहाज़ों को डुबोने, भीतर असंख्य मौत के गड्ढे जमा करने और स्वभावत: कभी तोला कभी माशा होने के बावजूद वो अपने चरित्र में ज़रूरी तरलता बचाए रखता है। उसका पनीला स्वरूप हर किसी में से गुज़र जाता है। हर कोई उसमें से गुज़र जाता है। वो जलभंडार

जीवन की विविधताओं को सहेजता था। बिना उसकी रुचि या आदतों में हस्तक्षेप किए। वैसे भी अंततः किसी भी तरह के जीवन का पहला घर समुद्र ही है। समय और दिशाओं के जुनून से मुक्त समुद्र आदमी को उसकी ज़रूरी वैयक्तिकता लौटाता था। इसमें उतरने पर साथ में न वक़्त चलता था न दिशाएँ। यहाँ अपना समय था या कहें यहाँ समय था ही नहीं। और दिशाएँ, वो भी उसकी सतह पर ही थीं। उसकी सतह पर आकर आसमान में टँगे तारों से उनकी उपस्थिति का झीना बोध होता था पर जल में गोता लगाने पर सारी दिशाएँ भी उसमें घुलकर एकमेक हो जाती थीं।

कई यात्राओं की प्रगाढ़ स्मृतियों के साथ, भले ही उनमें से कोई भी उसने नहीं की थी, पर जिनके बारे में महान वृत्तांतकारों के बताए सूक्ष्म विवरण उसके सामने जीवंत थे, वो अपनी पहली समुद्री यात्रा के लिए निकला और कई दिन के बाद अब वो बीच समंदर में एक जहाज़ पर था। हवाएँ खारेपन से लदी थीं। दूर-दूर तक सिर्फ़ समुद्र ही था। ऐसा लगता था कि जैसे ज़मीन सिर्फ़ एक कल्पना थी, जो दूर कहीं थी। ठोस कुछ भी नहीं था। जितना तरल बाहर था उतना ही भीतर। समंदर का लवणीय जल कुछ भी ठोस रहने नहीं देता था। सब कुछ सख़्त, ज़िद्दी गल जाता था। प्रेम को लेकर भी द्वंद्व का सख़्त ढाँचा टूट गया था। अब सिर्फ़ निर्द्वंद्व प्रेम ही रह गया था। डैक पर उसने दो प्रेमियों को देखा जो समुद्र के आह्वान पर आए थे और कुछ ही देर में खारी हवाएँ उनके बीच के सारे संकोच, आग्रह, झिझक, मर्यादा वग़ैरह को घोल चुकी थीं। अब उनके बीच का सबकुछ पारदर्शी था। बिल्कुल भीतर के मन तक।

तमाम सरलता का वास यहीं, समुद्र में था। ये तो विकास-क्रम में कुछ जीवों की महत्वाकांक्षा थी जो उन्हें ज़मीन पर ले आई थी। एक लिप्सा आगे बढ़ने की, किसी दूसरे की क़ीमत पर। यूँ समंदर भी

मौत के खेल में पीछे नहीं था बल्कि पल-पल यहाँ यही कुछ होता आया है। पर इस जल-मैदान के कुछ सरल क़ायदों का सम्मान करने मात्र से आपके निजी अवकाश को पूरा सम्मान मिलता है। यहाँ सब कुछ सीमाहीन है पर यूँ अपनी-अपनी सीमाएँ, जो निजता का सुख भोगने के लिए ज़रूरी हैं।

शाम के ढलने का वक़्त था। समुद्री आकाश जल-पक्षियों से आच्छादित था। एक अंतहीन विस्तार में प्रेम की भाषा कौंध रही थी। जीवन के संघर्ष प्रेम की प्रदीप्ति के आगे अपने ताप को अस्थाई तौर पर छोड़ चुके थे। धीरे-धीरे आसमान में सागर के प्रतिबिंब या सागर में आसमान के बिंब की चमक अब फीकी हो रही थी, उसमें अक्स मिटकर गहरा रंग भरते जा रहे थे। कुछ ही देर में आसमान तारों से भर गया। कोई तारा ज़्यादा चमक रहा था, कोई कम। कहीं कोई तारा टूटकर लंबी प्रकाशरेखा में विलीन हो रहा था। उसे लगा आसमान के मंच पर कुछ अनूठे करतब सिर्फ़ बीच समंदर ही देखे जा सकते हैं। ये अद्‌भुत था, पर उसे लौटना था और कल उसके लौटने का दिन था। समुद्र से लगातार दूर जाकर अंततः वो फिर किसी किनारे से आ लगेगा। उसके कपड़ों से लिपटी खारी हवा की सीलन कई दिनों तक समुद्र के अंश के तौर पर उसके साथ रहेगी और उसकी स्मृतियों में ख़ुद समंदर हमेशा प्रतिबिंब के रूप में झलकता रहेगा।

क़स्बे में प्रेम : कुछ चित्र

एक

जटाशंकर जी का घर क़स्बे के इस पुराने मोहल्ले में सबसे ग़लत जगह पर था। एक अत्यंत जटिल ज्यामितीय संरचना में बसे पुराने घरों की जमावट असंख्य वीथियों की दुरूह प्रणाली का निर्माण करती थी। कोई गली ख़ूब अंदर तक जाकर किसी घर में गुम हो जाती तो कोई किसी चबूतरे पर तमाखू से दाँत रगड़ती वृद्धा के पैरों तले विलीन हो जाती। और कोई अंततः क़स्बे के किसी मुख्य चौराहे पर दम तोड़ती।

जटाशंकर जी का घर इस मोहल्ले में ग़लत जगह फँसा हुआ था। जिसने उनके प्रेम के आरंभ को ही असंभव बना डाला था। उनके घर में कोई वास्तुदोष नहीं था बल्कि गृह-स्थिति और सामाजिक नियमों की संगति उनके प्रेम को असंभव बना रही थी। उनके घर से लगते और

उसके पीछे के सारे मकान सगोत्रियों के थे, घर से आगे बाईं तरफ़ समाज का सामुदायिक भवन था, जहाँ पंचों का डेरा रहता था। आगे दाएँ तरफ़ के तीन घरों में प्रेम संभव था क्योंकि यहाँ अलग गोत्र वाले बिराजते थे, पर अफ़सोस! यहाँ उनकी हमउम्र कन्या का जन्म ही नहीं हुआ और घर के ठीक सामने की गली में जटाशंकर जी का ननिहाल था, जहाँ वे पैदा हुए थे।

इस तरह इस मोहल्ले में भू-सामाजिक कारणों से जटाशंकर जी प्रेम ही नहीं कर पाए। यूँ भी घर में बैठे-बैठे तो प्रेम किसी को भी नसीब नहीं होता। उसके लिए ख़ुद को बाहर घसीटना पड़ता है। घर नहीं छोड़े तो ख़ुद उसे छोड़ना पड़ता है, पर जटाशंकर जी ऐसा नहीं कर पाए। वे घर से बाहर ज़रूर निकले पर जहाँ गए, घर उनके पीछे-पीछे होता रहा। वे घर से बाहर निकले तो इसीलिए कि शाम को घर आ सकें। और महीने की पहली तारीख़ को पगार घर ला सकें। उनपर घर ने कमाने की ज़िम्मेदारी डाल रखी थी। तो उनके क़दम इस घर और मोहल्ले से बाहर उनकी 20 की उम्र में ही पड़ गए और वे रोज़गार की तलाश करते किसी सेठ की पेढ़ी पर सर टेकने पर ही रुके। वे हिसाब में माहिर तो बाद में हुए, पर हिसाब का अभ्यास उन्होंने बचपन से ही शुरू कर लिया था। बीस साल की उम्र में उनका सर जो सेठ की पेढ़ी पर टिका तो उनके बुढ़ापे तक उस पेढ़ी से ऊँचा ही नहीं उठ पाया। बही खातों के पीले पन्नों ने उनके जीवन के गुलाबी पल आने ही नहीं दिए।

दो

बाहर से नौकरी करने इस क़स्बे में आए उस युवक ने मोहल्ले की तरफ़ जाने वाली गली के नुक्कड़ और मुख्य सड़क पर स्थित 'पुरोहित भोजनालय' के बाहर उस लड़की का इंतज़ार शुरू कर दिया,

जो टीचर्स ट्रेनिंग कॉलेज से उधर आने वाली थी। हमेशा की तरह, लड़की जब भी आती वो उसे कनखियों से देखता था ताकि लोग उसके मन की थाह न ले सकें। ख़ुद लड़की भी नहीं।

वो आया परदेस से था और खाना 'पुरोहित भोजनालय' में खाता था। पुरोहित जी जो इस भोजनालय के मालिक थे, खाना ख़ुद ही परोसते थे। भोजनालय में भीड़ नहीं रहती थी और वैसे भी घर का बाहरी कमरा भोजनालय बना रखा था, जिसका स्पेस इतना था कि पुरोहित जी अकेले ही मैनेज कर सकते थे। खाना घर के अंदर से बनकर आता था। परोसते वक़्त पुरोहित जी एक-एक रोटी गिनते थे और कटोरी में दो चम्मच दाल से शुरुआत करवाते थे। उसके बाद में माँगने पर अनमने भाव से दाल डालते थे। अतिरिक्त दाल देने में वे ख़ासे काइयाँ थे। अक्सर ग्राहक को रोटी से दाल लगाकर ही खाना होता था, वो भी बड़े मितव्ययी भाव से। जो भी हो पर उस भोजनालय की दाल बड़ी ऐंद्रिक सुख वाली होती थी।

सिर्फ़ आज, सिर्फ़ आज उसे लगा कि दाल कुछ अतिरिक्त तीखी थी जिसे वो लड़की की प्रतीक्षा में रत होने के कारण भरसक नज़रंदाज़ कर रहा था। पानी पीने के चक्कर में लड़की वहाँ से गुज़र कर गली में चली गई तो?

उसके आने की धमक वो कोसों दूर से सुन सकता था। ये एक अजीब बेचैनी थी। तभी दो चीज़ें एक साथ हुईं। लड़की उसे आती दिखी और सड़क पर विदेशी पर्यटक युगल भी उस ओर बढ़ता दिखा। उस युवक का ध्यान लड़की पर ही एकाग्र होता पर अचानक उस युगल ने बीच सड़क पर एक-दूसरे को चूमना शुरू कर दिया। इसे देख लड़की भी हल्के से ठिठकी। युवक ने लड़की की ओर देखा तो लड़की के होंठों पर अत्यंत सूक्ष्म डिग्री की मुस्कान आ गई। लड़की उसके वहाँ खड़े होने के मंतव्य को समझती थी शायद।

तीन

पचासीवें साल की उम्र में जटाशंकर जी उसी क़स्बे में, उसी मोहल्ले में, उसी घर में दुबारा थे। आज वे मृत्यु शैय्या पर थे। कई दिनों से खाना बंद था। प्राण उनके शरीर से सिर्फ़ क्षीण पकड़ द्वारा ही चिपके थे। शायद प्राण बाहर निकलने का कोई मुहूर्त ही ढूँढ़ रहे थे। वे इस जन्म में प्रेम नहीं कर पाए थे। घर के लोग कई बार उन्हें खाट से नीचे भूमि पर सुला चुके थे पर चेतना का दीया बुझने में ज़रूरत से ज़्यादा समय लगा रहा था।

कोई घर में बात कर रहा था कि मोहल्ले का लड़का क़स्बे की किसी लड़की के साथ भाग गया था, अब दोनों के घरवाले राज़ी होकर उनकी शादी की तैयारियाँ कर रहे थे।

जटाशंकर जी के प्राण ठीक इसी वक़्त मुक्त हुए।

चार

सदियों पहले जिस लड़की के लिए सिंध का राजकुमार अपने ऊँट पर यहाँ आता था उस लड़की के रूप का नख-शिख वर्णन आज भी यहाँ के लोकगीतों में गूँजता था। रूप के इस विवरण में लड़की के अंग-प्रत्यंग को हर संभव-असंभव उपमाओं से वर्णित किया गया था। कोई आश्चर्य नहीं था कि परदेस से कोई राजकुमार उसकी एक झलक पाने के लिए सहरा को लाँघता था। सहरा में उसका प्रिय ऊँट सरपट भागता था जिससे उसका स्वामी ज़्यादा-से-ज़्यादा फेरे उस क़स्बे के लगा सके।

आज भी इसी क़स्बे में उस लड़की के घर के खंडहर मौजूद थे। कोई पगडंडी, कोई सड़क, कोई गली उस तरफ़ नहीं जाती थी। प्रेम के उस रास्ते पर चलना निषिद्ध था। पर कहते हैं, क़स्बे के प्रेमी किसी

तरह वहाँ पहुँचकर एक-दूसरे से वादा करते थे।

बाहर से नौकरी करने आए युवक को आज भी उस लड़की का इंतज़ार था। लड़की अब उससे बराबर संपर्क में थी पर उसे पुरोहित भोजनालय के बाहर उसका इंतज़ार करना अच्छा लगता था। यद्यपि विदेशी युगल ने जैसा नज़ारा पहले पेश किया था वैसा वो आज तक दुबारा देख नहीं पाया। उसकी बड़ी इच्छा थी कि लड़की के उसके पास से गुज़रने से ठीक पहले विदेशी पर्यटक युगल फिर से वैसा ही करे। अगर ऐसा ही हुआ तो वो लड़की को आज प्रेम के खंडहरों तक ले जाएगा और उसके सामने अपना प्रणय-निवेदन रख देगा। वो मानता था कि उसे उस लड़की से प्रेम हो गया है पर उसका प्रेम जिस हिम्मत की दरकार रखता था उसे पर्यटक युगल सही दिशा में ठेल सकता था। उसके सामने प्रेम के खंडहरों तक जाने का नक़्शा भी था। पर उसका प्रेम पुराने क़िस्सों के फिर से तरतीबवार होने से बना प्रेम नहीं था। उसमें पुरोहित की दाल की दाहकता और सार्वजनिक चुंबन से उपजी मादकता भी थी।

ये नए जन्म लेते पुराने क़स्बे का प्रेम था।

क़िस्सालोक में कहीं खो गई है वो

कहानी सुनाओ! उसकी नन्ही-सी बेटी रात को सोने से पहले ये आदेश सुनाती। वो याद करने की कोशिश करता। उसे याद आता, 'प्यासा कौवा', 'लालची बंदर', 'रंगा सियार' या ऐसा ही कुछ। और ये सब वो उसे कई बार सुना चुका था। उसे कई बार कुछ भी सुनाने लायक़ याद नहीं आता तो उसकी पाँच साल की बेटी कोई सुनी हुई कहानी सुनाने को कह देती।

इसी बहाने कई बार उसे याद आता कि ख़ुद उसके बचपन में उसे कितनी तरह की कहानियाँ सुनने को मिली थीं। तब 'प्यासा कौवा' उसे किसी ने नहीं सुनाई थी। पहली बार ये कहानी उसने अपनी अंग्रेज़ी की किताब में पढ़ी थी, फिर रटकर याद भी की थी। अपने बचपन में उसने जो कहानियाँ सुनी थीं वो कल्पना के पारदर्शी और झिलमिलाते संसार का हिस्सा थीं। वो संसार जो इंसानों, जानवरों,

जादूगरों और न जाने किन-किन तरह के पात्रों से आबाद था। अपनी बच्ची को सुनाने के लिए उसे अब 'कबरी चिड़िया' की कहानी याद नहीं आ रही थी। और उस कहानी को वो इस महानगर में ढूँढ़ भी नहीं सकता था। शायद अपने क़स्बे में भी वो कहानी उसकी दादी के साथ कहीं दूर सिधार चुकी थी। स्मृति के तंतुओं में सिर्फ़ इतना ही अटका रह गया था कि कबरी चिड़ी की बहन ने अपनी चोंच सोने से मढ़वाई थी। उसे अपनी संपदा पर बहुत गुमान हो गया था। उसने अपने लिए एक अनूठा घर बनवाने की सोची। एक सफ़ेद घर। सबसे अलग। इसके लिए उसने पास की खारी झील से नमक मँगवाकर उसकी ईंटें बनवाईं। एक बहुत ख़ूबसूरत घर बनकर तैयार हो गया। पर एक दिन इतनी भयानक बारिश हुई, जैसी रेगिस्तान में कभी हुई नहीं थी और उसमें उसका घर बह गया। उसका क्या हुआ? कबरी चिड़ी का इस घटना पर क्या प्रभाव हुआ? उसे कुछ याद नहीं। आगे, सब अस्पष्ट।

'प्यासा कौवा' की रटंत लीला ने ऐसी कई कहानियों को स्मृति-लोक से अपदस्थ कर दिया था। या शायद लंबे समय से उसने दादी को क़ायदे से याद ही नहीं किया था। कबरी चिड़िया की कहानी याद करने की कोशिश में उसे दादी का बोलता चेहरा भी ज़रूर याद आता था। इस चेहरे में कुछ ख़ास बात थी। दादी की ठुड्ढी में थोड़े-से बालों का गुच्छा था। सफ़ेद बालों का गुच्छा। उम्र की ढलान पर कब उनकी ठुड्ढी में कुछ बाल उग आए थे, पता नहीं। क्या जब बाल आए थे तब वे काले थे और बाद में सफ़ेद हुए? या सीधे ही किसी दिन उनकी ठुड्ढी पर सफ़ेद बालों का गुच्छा लग गया था। इसे अब साफ़-साफ़ बता पाना संभव नहीं था। पर दादी जब कहानी सुनाती थीं तो उनकी ये छोटी-से सफ़ेद दाढ़ी बड़ी रहस्यमयी लगती थी। जैसे कि वो कोई बूढ़ा जादूगर हो जो कहानी सुनाता हुआ अपनी तिलस्मी शक्तियों से उसके सारे पात्रों को जीवंत कर देता हो। दादी

जब और बूढ़ी हो गईं और फिर और ज़्यादा बूढ़ी हो गईं तो उन्होंने कहानियाँ सुनाना बंद कर दिया। उसने भी बाद में उनसे इस बारे में ज़िद करना बंद कर दिया। फिर वो दादी की दाढ़ी को भी भूल गया। अब जब उसे अपनी बेटी को कहानियाँ सुनानी पड़ रही हैं तो दादी और उनकी सफ़ेद दाढ़ी भी याद आ रही है। वो कहानियों का खज़ाना थीं। काश! वो उनकी सुनाई कहानियों को याद रख पाता या उनसे और ख़ूब सारी कहानियाँ सुनता। पर अब बड़ा मसला ये था कि बेटी को रोज़ रात कहानियाँ कहाँ से लाकर सुनाए? उसके दिमाग़ में बार-बार ये आता कि बच्चों की इन कहानियों के संदर्भ, पात्र, लोक, देश-काल ये सब क्यों नहीं बदलते? बच्चे इस ज़माने में भी तोता, राजकुमार, राजा, जादूगर, बहेलिया जैसे शब्द कहाँ से समझ जाते हैं? क्यों दादी की कहानियाँ हमेशा प्रासंगिक लगती हैं? क्या इसका कारण ये है कि इन कहानियों के हर पात्र-खल पात्र को नैतिकता का एक बारीक सूत्र जोड़े रखता है? इसीलिए इन कहानियों में डाकिन भी सात घर छोड़ती है? यानी सगे संबंधियों को वो भी छोड़ देती है।

वो सोचता कि बड़ी मज़ेदार बात है। 'राजा' आजकल बच्चों के निकनेम के तौर पर भी नहीं पसंद किया जाता पर कहानियों में वो आज भी राजा है। पहले जितना ही ताकतवर। न्याय करता हुआ। हाँ, पर वो न्याय छीन नहीं सकता। छीनेगा तो उसका सिंहासन कोई न्यायप्रिय ले लेगा। यह सृष्टि भी किसी नियम के आधार पर टिकी है। उसी तरह कहानियों का लोक भी सरल, नैतिकता के नियमों पर टिका होता है। नैतिक आचरण ही कहानियों का असल राजा है।

रात को बिटिया का हुक्म राजा के हुक्म की तरह होता। कहानियों के लोक में अपनी उपस्थिति को रेखांकित करता। ये आदेश उसे न चाहते हुए भी मानना था। कहानियाँ अब उसे ज़बानी याद तो थीं नहीं, लिहाज़ा उसने सोचा कि किसी क़िताब से वो रोज़ रात को एक कहानी पढ़कर सुनाएगा। इन कहानियों के पात्र भी गल्पलोक के ही थे। मंत्री

के षड्यंत्र, साधू की भक्ति, राजकुमार का घोड़ा, जंगल और तिलस्म, सब कुछ था इनमें। रोज़ एक कहानी। वो शुरू होता और बीच-बीच में बेटी के चेहरे के भाव पढ़ता। उसे लगता बेटी कहानी के भूगोल में पहुँच गई है। और ख़ुद उसे भी कई बार लगता जैसे वो भी इन्हीं पात्रों के बीच पहुँच गया है। इन लोककथाओं में भगवान भगवान के रूप में कम ही दिखाई पड़ते थे। वे अक्सर भेस बदलकर आते थे। कभी किसी याचक के भेस में तो कभी किसी मुसाफ़िर के भेस में। पूरी कहानी में वे इंसानी पात्र के रूप में ही रहते थे। बस आख़िर में पता चलता कि वे तो कोई भगवान हैं। इन कहानियों में सरलता हमेशा पेंचदार चीज़ों से जीतती थी। छल यहाँ हमेशा छला जाता था। जादू और तिलस्म को एक भोली बकरी भी अंततः छिन्न-भिन्न कर ही लेती थी।

धीरे-धीरे उसने ख़ूब सारी कहानियाँ बेटी को सुनाने की प्रक्रिया में पढ़ डाली। देश-विदेश की। चीन की, अरब की, रोमानिया की, अफ्रीका की। सिंदबाद जहाज़ी की यात्राएँ। विक्रम-बेताल। पर इस संसार को मथ लेने पर भी कबरी चिड़िया उसे कहीं नहीं मिली। गूगल का खोजयान भी यहाँ नाकाम ही हुआ। इस कहानी का पता सिर्फ़ एक ही शख़्स दे सकता था। उसकी दादी। और वो अब इस लोक में नहीं।

घर की खिड़की से बाहर उसने निष्प्रयोजन ही एक निगाह डाली और वो चौंक गया। पेड़ की निचली डाली से लटका वो मिटटी का बर्तन कहाँ था, जहाँ चिड़ियाँ पानी पीने आती थीं? ये बर्तन उन्हें जल-किलोल का मौक़ा भी देता था। उसे याद आया कि मिट्टी का वो बर्तन उसने सालों से देखा ही नहीं था। और इस महानगर में तो शायद कभी नहीं।

वो याद करने लगा था कि कितने महीने पहले उसने घर में मज़े से अधिकार जमाती चिड़िया को देखा था।

स्याही से बाहर छिटकते अर्थ

एक वाग्दत्ता अपने होने वाले पति को विवाह से पहले की अंतिम चिट्ठी लिखती है। चिट्ठी में वो लग्न की तय हुई तिथि की जानकारी देती है। कई बार कच्चे ड्राफ्ट को फाड़ने के बाद वो आश्वस्त होकर एक साफ़-सुथरे पन्ने पर अपना पत्र पूरा करती है। अंत में, 'केवल तुम्हारी' के नीचे अपना नाम लिखती है और लरजते हाथों से पत्र को तह कर लिफ़ाफ़े में डालती है। घर में सबसे छोटे को पास के लेटर-बॉक्स में, कई हिदायतों के साथ पत्र देकर रवाना करती है। हिदायतों में एक ये भी है कि बॉक्स में पत्र डालने के बाद डिब्बे को हाथ से अच्छी तरह ज़रूर थपथपाना, कहीं पत्र डिब्बे की दीवार में अटक न जाय। वो अपने हिस्से की सारी ज़िम्मेदारी पूरी कर लेना चाहती है।

छोटा जब तक चिट्ठी पोस्ट कर घर लौटता है तब तक वो बड़ी व्यग्रता से अपने कमरे के चक्कर काटती रहती है। वो कई बार कमरे में गोल-गोल घूम चुकी है और जब छोटा घर आ जाता है तो उसे कही गई सारी हिदायतों को फिर से दोहरा कर पूछती है कि उन्हें ठीक से ध्यान रखा था या नहीं।

इस आम से क्रिया-कलाप में हम सोचते हैं कि भावनाओं को आधार देने के लिए एक चिट्ठी कितनी महत्वपूर्ण होती है। तभी तो वाग्दत्ता उसके पहुँचने तक हर तरह से परेशान रहती है। हम सोचते हैं कि पत्र में लिखे ह.र्फ़ उस लड़की की भावनाओं का अनुवाद करने के लिए सबसे महत्वपूर्ण ज़रिया हैं। एक नौका की तरह वे एक की भावनाओं को दूसरे तक पहुँचाते हैं। पर क्या ये ज़रिया सि.र्फ़ शब्द ही हैं जो एक चिट्ठी को चिट्ठी बनाते हैं? क्या चिट्ठी निकालने के बाद लि.फ़ा.फ़ा पूरा ख़ाली रह जाता है? या उसमें भेजने वाले हाथों की सुगंध और भेजने की व्यग्रता भी कहीं रह जाती है? लि.फ़ा.फ़े पर सली.क़े से चिपकाया स्टांप, ठीक-ठीक लिखा पता, ये सब क्या बेमानी ही होते हैं? ख़ासकर तब जब चिट्ठी किसी प्रिय की हो या अपने किसी परिचित ने लिखी हो? शब्दों से बाहर और शब्दों के अलावा एक पत्र का कितना व्यक्तित्व होता है?

कई बार, हममें से शायद हरेक को लगता है कि शब्द भावों के बोझ को पूरा नहीं संभाल पाते। इसीलिए शब्दों के अलावा पत्र में कई संकेत-चित्र बनाए जाते हैं। पन्ने के हाशिये का भी इस्तेमाल बेलबूटे बनाने में कर दिया जाता है। फिर पन्ने को बहुत सावधानी से तह कर लि.फ़ा.फ़े में डाल दिया जाता है। पन्ने पर तह करने वाले की उँगलियों की ख़ुशबू अटकी रह जाती है। वो लि.फ़ा.फ़े की अंदर की दीवारों पर भी थोड़ी बची रह जाती है। पाने वाला जब लि.फ़ा.फ़े से चिट्ठी निकालता है तो लि.फ़ा.फ़े में चिट्ठी के इतर भी बहुत कुछ

बचा रहता है।

ये बहस बेमानी लगती है कि आजकल चिट्ठी कौन तो लिखता है, या गए दिन अब अंतर्देशीय के। क्योंकि चिट्ठी न सही हम आज भी अपने मन को किसी लिपि में ही उतारते हैं। भाषाओं के छल को कई दार्शनिकों ने पहले ही पहचान रखा है। यहाँ उसकी बात करना एक गैर ज़रूरी व्यायाम हो जाएगा। नानाजी की लिखी पुरानी चिट्ठियों को याद किया जा सकता है। पूरा अंतर्देशीय भरा हुआ। 'स्वस्ति श्री शुभ ओपमा लिखी' जैसी औपचारिक शब्दावली से चिट्ठी शुरू होती है। चिट्ठी लिखते वक़्त कुशलता की सूचना और भगवान से सबकी कुशलता की कामना। फिर बातें शुरू होती हैं तो सबकुछ उनमें समा जाता है। हाँ, पढ़ना तनिक खीझ भरा है। पाने वाले को मुश्किल से समझ में आने वाली महाजनी लिपि में लिखी गई है चिट्ठी। नाना की चिट्ठी प्रत्यक्षतः तो पूरे घर को संबोधित होती है पर असल में वो अपनी बेटी के लिए ही होती है। इतनी भरी-भरी-सी होती है नाना के हाथ से लिखी अंतर्देशीय। पर बहुत कुछ फिर भी अलिखा ही रह जाता है। बस, आख़िर में उनकी लाइन-'थोड़ा लिखा बहुत समझना' ही उनकी असल हताशा है। आख़िर एक पिता अपनी बेटी को चिट्ठी लिखते समय कितनी ही बार भाव-संवेदनाओं के हार्मोंस में डूबता-उतराता होगा। उसके विवाह से पहले की कई छवियाँ साकार हो उठती होंगी। उसका बचपन, बचपन के जाने से पहले ही घर के कामों में हाथ बँटाना, ताव-तप में पिता के सर पर ठंडी पट्टी रखना और उसका अपनी उम्र से बड़ा हो जाना। बहुत सारी छवियाँ। रंग-बिरंगी और श्वेत-श्याम। छवियाँ कोलाज़ की तरह उनके मन पर छा जाती हैं और वे चिट्ठी में इस बारे में कुछ भी नहीं कह पाते। बस कुशलता के समाचार ही लिख पाते हैं। बहुत कुछ चिट्ठी के बाहर छिटक जाता है। या पंक्तियों के दरम्यान अलिखा ही रह जाता है। सच में तो

पत्र लिखने का भाव ही पत्र से छूट गई संवेदनाओं को कुछ हद तक व्यक्त कर देता है। एक पिता की अपनी विवाहिता बेटी को लिखी चिट्ठी सिर्फ़ अलिखित को उद्घाटित करने का 'ऑन' बटन है। और वो समझ जाती है। चिट्ठी उसकी यादों की पींग को पीहर के आँगन तक ले जाती है। बहुत रुक नहीं पाती वो वहाँ और वो फिर अपने बच्चों के घर लौटती है। उसकी नज़र चिट्ठी के नीले रंग पर पड़ती है और वो फिर अपने बचपन के आँगन में आ जाती है। इस दोलन में वो थक जाती है और अपना चश्मा पोंछती है। जो काम उसके पिता ने अंतर्देशीय को पूरा भर कर किया है वहीं माँ बिना पत्र लिखे, सर्दी में गोंद के लड्डू भेजकर या बच्चों के लिए ऊनी कपड़े भेजकर कर लेती है। माँ का संदेश किसी जटिल लिपि में नहीं होता। वो अपनी बात बताने में ज़्यादा सरल है। पर जितना कहना चाहती है, अपने तरीक़े से, इस तरह सारा कह देती है।

अपनी बात कहने के लिए चिट्ठी एक ज़रिया है। चिट्ठी में ही कई और सामान भी हैं। पत्र निकालकर ख़ाली लिफाफा फेंकने से पहले उसे ठीक से टटोल लें। भेजने वाले ने उसमें भी कई चीज़ें छुपा रखी होती हैं।

घर-गृहस्थी में धँसता एक पुराना प्रेमपत्र

"श्री गोपीवल्लभ विजयते"

मम्बोई

(तिथि अस्पष्ट)

प्यारी सुगना,

मधुर याद।

श्री कृष्ण-कृपा से मैं यहाँ ठीक हूँ और तुम भी घर पर प्रभुकृपा से सानंद होगी। मेरा मन तो बहुत कर रहा है कि पत्र के स्थान पर स्वयं उपस्थित हो जाऊँ पर एक सेठ का मुनीम होना कितनी ज़िम्मेदारी का काम है ये मैं पिछले देस-प्रवास में तुम्हें बता चुका हूँ। काम गाँव भर का और पगार धेला। वहीं सेठ

के पास काम धेले का नहीं और माया अपार। वैसे अंदर की बात ये है कि इस सेठ की नाव डूब रही है। मैं ये बात सेठजी को बता भी चुका हूँ पर लगता है मामला अब उनके बस का नहीं। देनदारियाँ भारी पड़ रही हैं। यहाँ पैसा नहीं डूबता, आदमी डूबता है। पैसा तो एक से दूसरे के पास चला जाता है। रोज़ सैकड़ों सेठ बर्बाद होते हैं और दसियों पनपते हैं। बर्बाद ज़्यादा होते हैं, पनपते कम हैं। पर पनपने वाले दसियों बर्बाद हुए सैकड़ों के कुल कमाए पैसों से भी ज़्यादा कमा चुके होते हैं। पैसा दस आदमी डुबोकर एक के पास जमा हो जाता है। पर हमेशा उसके पास भी रहेगा नहीं। तो इस तरह हर नया सेठ पहले वाले से ज़्यादा धनवान होता है। ख़ुद पैसा कभी टूटा नहीं, आदमी टूटा है। पैसा तो आया तब से बढ़ ही रहा है पर उसकी टिके रहने की फ़ितरत नहीं। हाँ, टिकता भी है वो, कई सेठ पीढ़ियों से पेढ़ी संभाले बैठे ही हैं पर उनके पास जिन्होंने लछमी जी को किसी-न-किसी टोटके से रोके रखा है। ख़ुद फटे कपड़ों में बैठे रहेंगे। सूखी रोटी और लाल मिर्च की चटनी ही खाएँगे। बिना नहाए दलिद्दर की तरह पड़े रहेंगे। इन सबसे से लछमी जी भरम में रहती हैं कि बिचारे के पास खाने को नहीं है, पहनने को नहीं है, फटे गाभों में काम चला रहा है।

ये मैं क्या बातें ले बैठा, पर बताना भी ज़रूरी है। आख़िर मुझे भी नई नौकरी तलाश करनी पड़ सकती है। कभी-कभी सोचता हूँ सब छोड़-छाड़ के देस आ जाऊँ। तुम जानती हो कि मैं ये सब तुम लोगों के लिए ही तो कर रहा हूँ, वर्ना मेरा क्या। देख लो मैं तो सेठ के दिए पाँच बाई पाँच के दड़बे में रात को साढ़े पाँच फीट के शरीर को किसी तरह ठूँस कर काम चला ही रहा हूँ। और काम तो तुम्हारी याद के भरोसे ही चल रहा है। लाल जिल्द वाली बही के पीले पन्नों में भी तुम्हारी छवि ही देखता हूँ, भगवान झूठ न बुलवाए। तुम्हारे साथ

भी क्या ऐसा ही कुछ होता है? जिस तरह मुझे तुम्हारी याद आती है, दिन और रात, काम के बीच में भी, काम के बाद भी, दुकान पर और बाहर सब जगह, क्या वैसे ही तुम भी मुझे याद करती हो? मैं जानता हूँ दो ननदों, देवर शिवानंद, सास-ससुर के साथ नैनू बेटे वाले भरे-पूरे घर में रहते, तुम्हें क्यों भला मेरी याद आएगी? हाँ, कुछ रोज़ में एकाध बार हिचकी से अंदाज़ा लगा लेता हूँ कि देस में कोई याद कर रहा है।

नैनू पहाड़े सीख रहा होगा। पिताजी उसे डेढ़े और ढईये भी अच्छे से याद करवा रहे होंगे। एक कामयाब मुनीम के लिए ये बहुत ज़रूरी है। मैंने भी बचपन में ये सब सीखा था। एक मुनीम का बेटा मुनीम बन ही जाय ये ज़रूरी नहीं। इसके लिए मेहनत करनी पड़ती है। हिसाब में माहिर होना पड़ता है। अच्छे मुनीम की पूछ हमेशा रहेगी, चाहे सेठ की कितनी ही पेढ़ियाँ डूब जाएँ। उसके पास नौकरी की कमी नहीं होगी।

इस बार यहाँ मेह इतना बरसा कि कांकरिया सेठ की पेढ़ी डूबने की नौबत आ गई थी। वैसे भी यहाँ चारों तरफ़ पानी है। ज़मीन के मामले में भगवान यहाँ ख़ासा कंजूस रहा है। पर इंसान भी कोई कम माया नहीं है, उसने ज़मीन कम देखी तो मकान आसमान पर चढ़ा दिए। 25-25 मालों की बिल्डिंगें यहाँ हैं! पर पहले माले से देखो या पच्चीसवें से, यहाँ चारूँ-मेर पानी-ही-पानी है। अरब सागर ने मम्बोई को घेर रखा है। मुझे सच में कभी-कभी डर लगता है कि समंदर से घड़ियाल जैसे बड़े जानवर आकर रात को मुझे खा न जाएँ। भगवान रक्षा करें। यहाँ बारह महीने इतना पानी होने पर भी बरसात में कमी नहीं है। जमकर तांडव है उसका। पर वहाँ देस में, छींटे-छिड़पर भी कहाँ! आदमी तो जैसे-तैसे गुज़ारा कर ले पर गउओं का क्या होगा? भगवान भलीस करेंगे। अब चिट्ठी में थोड़ी जल्दी-जल्दी

बात करता हूँ। पन्ने ख़त्म होने वाले हैं।

घर पर पिताजी को मस्से की बीमारी ने ख़ूब परेशान कर रखा है। मुझे मालूम है वो वहाँ परेशान ही रहते होंगे। वैसे तो इतने साल बीमारी को भोगते हो गए हैं, उन्हें इसकी दवाइयों का भी अच्छा ख़ासा ज्ञान हो गया है, पर अभी मेरी जानकारी में एक और आयुर्वेदिक दवा आई है। समय रहते भेज दूँगा। दवा नयी है पर कंपनी पुरानी है। उम्मीद तो है कि लाभ होगा। कुछ तो इस बीमारी ने पिताजी को चिड़चिड़ा बना दिया है और कुछ माँ का स्वभाव भी थोड़ा तेज़ है। दोनों में खिट-पिट चलती रहती है। तुम इस तरफ़ अपना ध्यान मत लगाना। माँ का स्वभाव चिंता कर-करके भी तेज़ हुआ है। तुम जानती हो वो शिवानंद की चिंता में आधी हुई जाती हैं। मैं स्वयं शिवानंद को लेकर बहुत आशंकित हूँ। भगवान् भलीस करेंगे, अगर वो पिताजी से विवाह-संस्कार विधि ही सीख लेता तो कोई संस्कारी परिवार अपनी कन्या देने आगे आ सकता था। आगे मर्ज़ी साँवलिए की।

बहनों की ज़्यादा चिंता फ़िक़र नहीं है। गाय दुहना सीख गई हैं, पापड़ बनाना भी सीख जाएँगी। तुम स्वयं इस विद्या में पारंगत होकर आई हो। सो, तुम्हारा ज्ञान उन्हें यहाँ उपलब्ध हो सकेगा।

और यहाँ सब ठीक है। वहाँ मोहल्ले में भी सब बढ़िया ही चल रहा होगा। प्रभुलाल की औरतों के बीच पंचायती की आदत गई नहीं होगी। देव-दर्शन करने जाती मोहल्ले की औरतों को भी रोक-रोककर सास-ननद, जेठानी-देरानी करता रहता है। क्या आदमी है! दिनरात औरतों के बीच। अब बुद्धि कहाँ से आएगी, बारह ही नहीं आई तो बत्तीस क्या आएगी? राह चलते औरतें भी दूसरे के बारे में उसी से पूछती हैं। महिलाओं का ख़बरी। और वो दामोदर, वो आज भी लोगों के घरों में ताका-झाँकी करता होगा। सुबह हुई नहीं और घर की छत से लोगों के आँगन में झाँकने लग जाएगा। कुछ कहो तो झगड़े पर

उतारू। अब उससे कौन झगड़ा और निवेड़ा करे। ख़ैर, इन लोगों के बारे में बात न ही की जाय तो अच्छा। मंदिर में अपने घर की ओर से मनोरथ करवाया होगा इन दिनों। पुजारी वैसे तो कंजूस है प्रसाद देने में। पर उसका क्या किया जा सकता है? उसको खाने दो।

और घर में काम ठीक ही चल रहा होगा। अभी यहाँ भी पगार तीन महीनों की बाक़ी है। गोरकी गाय दूध ठीक दे रही होगी। माँ की तरह उसका भी स्वभाव तेज़ है पर है तो गऊमाता ही।

चलो बहुत बातें हो गईं। अब चिट्ठी यहीं समाप्त करता हूँ। और हाँ, वो चित्रित किताब तुम्हारी शादी के वेश वाले बक्से में ही है न? किसी के हाथ न लग जाय। जब देस आना होगा तो एक बार और साथ-साथ अवलोकन करेंगे।

सबको यथाजोग।

तुम्हारा

दीपचंद

मायालोक और यथार्थ के बीच किसी भूगोल पर

सालों बाद मैं फिर इस जगह पर था। ये एक शहर था। भले ही ये शहर आज इक्कीसवीं सदी में था पर ये बार-बार अपनी प्राचीन स्मृतियों में लौटता था। लगता था जैसे ये काल के विशाल समुद्र में डूबता-उतराता रहता हो। जैसे प्राचीन और अर्वाचीन इसके लिए घर से बाहर निकलने के दो रास्ते ही हों। अपने अतीत से जुड़े रहना इसकी त्रासदी थी। अतीत चाहे कितना ही गौरवशाली हो उसे अतीत ही रहना चाहिए। जबकि यहाँ अतीत इसके व्यक्तित्व का अंग था। वहीं वर्तमान इसकी नियति थी। उसे अभी, आज के समय में होना ही था। चाहे कितना ही वो किसी ऐतिहासिक समुद्र में गोता लगा ले, उसे आना आख़िर वर्तमान के तट पर ही था। इस सच के बावजूद वो फिर अपने पुराने जल में डूब जाता और उसके तल में टिका रहता। तट पर बैठा वर्तमान उसके लिए सपनों में आने वाला समय था। लगता जैसे वो भूतकाल में जड़ होकर बैठा आज के यांत्रिक समय का स्वप्न देख रहा है।

मैं जानता हूँ, ये जैसलमेर ही हो सकता है।

एक शहर। एक गाँव। एक क़िस्सा। एक हक़ीक़त।

एक वर्तुल रेत का। एक क़िला पत्थर का।

जैसलमेर के क़िले में इस वक़्त मैं एकदम ऊपर तोप के पास खड़ा था। यहाँ से शहर का विहंगम दृश्य दिखता है। मेरे साथ दिल्ली से आए परिचित, जिनके साथ मैं आया था, कह रहे थे- "कितना सुंदर है!" और वे कैमरे के साथ व्यस्त हो गए। मैं एक बार फिर इस शहर की यादों के साथ गुत्थम-गुत्था था। शहर अपनी यादों में था और मैं शहर की। बारह-तेरह साल पहले मैं यहीं था। अकेला, नौकरी के सिलसिले में। यहाँ से थोड़ी ही दूर एक प्राचीन बस्ती लौद्रवा है। जहाँ मूमल रहती थी। हज़ार साल या उससे भी पहले। यहाँ चीज़ों के लिए हज़ार की उम्र कोई बड़ी बात नहीं थी। आस-पास पसरे बियाबान में भी ये शहर एक हज़ार सालों से आबाद था। मूमल का क़िस्सा भी इतना ही पुराना है। बल्कि इससे भी ज़्यादा। इस शहर के आबाद होने से भी पहले का। जब शहर नहीं था तब भी कोई आबादी इसके आस-पास रहती थी। शहर शायद उस आबादी के सामूहिक स्वप्न का नतीजा था। महेंद्रा सिंध के अमरकोट का राजकुमार था, वो ऊँट पर सैकड़ों किलोमीटर का फ़ासला तय करके आता था मूमल से मिलने। हम मूमल और महेंद्रा के प्रेम को जानते हैं। इतने सालों बाद भी। महेंद्रा पहले से ही विवाहित था, पर प्रेम का पंछी कहाँ ये सब देखता है! किसी भी डाल पर बैठ जाता है। फिर बहुत बाद में जैसलमेर के एक राजा का मंत्री हुआ। क्रूर। बहुत क्रूर। उसकी क्रूरताओं के कारण एक पूरी आबादी का पलायन हुआ। ऐसी तमाम ऐतिहासिक और गल्प कथाओं में उलझा है जैसलमेर।

क़िले की मुंडेर से मैं उन दिनों में जा रहा था जब मैं इसी शहर में रहता था। शहर और क़िला। शहर में क़िला और क़िले में शहर।

इस क़िले में आज भी शहर की बड़ी आबादी रहती है। ये इस माने में जीवंत क़िला है। शहर के कुल व्यक्तित्व का बड़ा हिस्सा, क़िला। कभी-कभी शहर के व्यक्तित्व को आक्रांत करता हुआ। आप कहीं भी जाएँ क़िला आपको घूरता मिलेगा। आपकी हर हरकत पर नज़र रखे हुए। उस वक़्त आपको क़िला एक विशाल बैठे हुए बाज़ जैसा दिखता है। आपने कोई ग़लती की तो जैसे ये झपट पड़ेगा। इतिहास बताता है कि ये क़िला लगभग नौ सौ साल पुराना है। बुढ़ाता। समय के साथ। इसकी माँसलता अब जाती जा रही है। बस, अब ये अपनी बूढ़ी अस्थियों के साथ एक विशाल ढूह पर समाधिस्थ बैठा है। इसकी अस्थियों में अब मृदुता है। ये बलहीन तो अभी भी नहीं लगता पर इसकी शक्ति का क्षय लगातार हो रहा है। चारों ओर की दीवार में फँसा समय जगह-जगह से इसे तोड़ कर बाहर आना चाहता है।

मैं और जेठुसिंह क़िले की दीवार से सटे नंदू के टी स्टॉल पर रोज़ाना बैठे रहते। जेठुसिंह 'लोकल' थे। पढ़ाई जोधपुर में हुई। अब अपना एनजीओ चला रहे थे। हर शाम वो जगह हमारा पक्का ठिकाना थी। मैं नौकरी से छूटते ही स्कूटर उठाकर अपने आवास से वहाँ आ जाता था। जेठुसिंह का घर भी ज़्यादा दूर नहीं था। नंदू की चाय में दम था। उसके सधे हाथ अदरक कूटकर उसे खौलती चाय में डालते। और फिर चाय में मिली अदरक की गंध आस-पास फ़ैल जाती। उसका स्टोव उसकी गृहस्थी को भी ऊष्मा देता था। नंदू की आँखों में एक सूनापन था। वो कई बार सड़क के पार ठीक सामने के पोस्ट ऑफ़िस को देखता जो उसकी आँखों जितना ही सूना था। हैरत की बात थी कि कुछ ही क़दम दूर क़िले का चौक चहल-पहल का केंद्र था। पर इस चाय की थड़ी पर ख़ासी फ़ुर्सत थी। चूँकि क़िले की ओर जाने वाले प्रचलित मार्ग पर ये दुकान नहीं थी इसलिए यहाँ गहमा-गहमी कम ही रहती थी। यहाँ का एकांत भला लगता था। पर नंदू की आँखों का सूनापन इस एकांत को और ख़ाली बना देता था।

सामने का डाकघर इस ख़ालीपन को और गहरा करता था, ख़ासकर शाम के आख़िरी समय में। इस चाय स्टाल पर और भी लोग बैठते थे। पर हमारा वो पक्का ठिकाना था, घंटों का।

उस शाम मैं किसी परिचित के साथ, उसके ही काम से पाँच किलोमीटर दूर अमरसागर गया हुआ था, जेठुसिंह उसी जानी-पहचानी नंदू की दुकान, जो सिर्फ़ नाम की दुकान थी यानी उसे कहीं भी, कभी भी शिफ़्ट किया जा सकता था, पर आए और आकर आम दिनों की तरह बैठ गए। दुकान जो क़िले की बूढ़ी हो चुकी दीवार के सहारे, क़िले के मुख्य द्वार से थोड़ी ही दूर थी। जैसा कि मैं कह चुका हूँ क़िले में फँसा समय जर्जर परकोटे को तोड़कर मुक्त होना चाहता था और इस दुकान से सटा परकोटे का हिस्सा अंदर की तरफ़ नए पुराने मलबे के डंप होने से वैसे भी मरा जा रहा था। पर भरोसा नौ सौ सालों का था।

जेठुसिंह मेरे इंतज़ार से बोर होकर वहाँ से रवाना हुए, शायद सामने पान की दुकान से सिगरेट लाने, और वो नौ सौ साल पुराना भरोसा टूटा। एक ज़ोर की आवाज़ जेठुसिंह को अपने पीछे सुनाई दी। वो बमुश्किल ही सही पर सुरक्षित फ़ासले पर आ चुके थे। मैं उस रोज़ ही वहाँ नहीं था। पर नंदू को तो वहाँ होना ही था। और रोज़ की तरह रात नौ-दस बजे तक वहाँ होना था। वो दीवार उस दिन नंदू सहित छः लोगों पर गिरी। मेरे बचने को भाग्य कहें या कुछ भी पर इस पर इतराने का मन नहीं करता।

"संजय जी, एक स्नैप मेरा इस तोप के साथ"- मेरे परिचित की आवाज़ ने मुझे समय के कुएँ से 12-13 साल की गहराई से बाहर खींचा।

क़िले से बाहर आने पर मैं फिर उसी जगह गया जहाँ नंदू की चाय की थड़ी थी। मैंने वहाँ से सर ऊँचा कर क़िले की ऊँचाई मापने की कोशिश की। और इससे परे चलने लगा। जानता था कि ये देर तक मुझे घूरता रहेगा।

देवालय से दुर्ग

रणकपुर से कुम्भलगढ़। देवालय से दुर्ग की ओर। रणकपुर के जैन मंदिर परिसर के विशाल काष्ठद्वार से प्रस्थान। एकदम बीहड़ में है जैन मंदिरों का समूह। घना वनक्षेत्र। अरावली की ठिगनी पहाड़ियों पर एक-दूसरे से बेहद सटे हरे पेड़ों का सघन विस्तार। पेड़ कई जगह तो इतने चमकीले, हरे कि आँखों में चुभते हैं और अपनी विशाल शाखाओं के साथ झुककर जैसे पहाड़ के किसी खड्ड में अपनी ही आवाज़ की प्रतिध्वनि सुन रहे हैं। सूरज की रोशनी, आवाज़ें सब कुछ यहाँ पहाड़ से टकराकर या तो दुगनी हो जाती हैं या किरचों में बिखर जाती हैं।

सफ़र के पूरे रास्ते में पहाड़ों की विनम्र ऊँचाइयाँ और ढलानों का सौहार्द है। अरावली यहाँ प्रार्थनाएँ बुदबुदाता लगता है। एक पवित्र प्रदक्षिणा में गाड़ी बढ़ती जाती है। हमने दुनिया से ओट ले रखी है। हम इस ओर हैं और दुनिया

उस ओर। आगे एक जगह एक दयनीय-से बोर्ड पर तीर के दो निशान उदयपुर और कुम्भलगढ़ की तरफ़ जाने का संकेत कर रहे हैं। मैं वाहन कुम्भलगढ़ की ओर मोड़ लेता हूँ। अब तक का रास्ता झूला झूलने जैसा रहा है। इस पहाड़ी रास्ते में मित्रता का भाव है। कम-से-कम अब तक तो रहा है। प्राचीन अरावली का मेरुदंड कब का बुरादा हो चुका है। इसका कंकाल भी भुरभुरा हो चुका है। अरावली जैसे अब अपने ही जीवाश्म के रूप में शेष बचा है।

अरावली के पहाड़ों की ऊँचाइयाँ डराने वाली नहीं हैं, वे लगभग एक राइड का मजा देती हैं और आप आराम से चढ़ाई और ढलान का खेल खेलते हैं। एक रेशमी सफ़र जहाँ कोई ट्रैफिक जाम नहीं, गाड़ियों की चिल्ल-पों नहीं। प्रकृति का पालथी मारे मौन, सफ़र को और सहज बना दे रहा है। इस तरह के पहाड़ी रास्तों में कोई तीखी ऊँचाई की कल्पना भी नहीं होती। ढलान और चढ़ाई का सफ़र एक लय की तरह चलता है और इसके ऐसे ही बने रहने की उम्मीद भी रहती है। पर जल्द ही पता चलता है कि ये उम्मीद एक छलावा है और पहाड़ एक अलग रूप में हमें चौंकाने वाला है। थोड़ा ही आगे जाकर एकदम उम्मीद से ज़्यादा उत्तुंग, उम्मीद से ज़्यादा खड़ी चढ़ाई अचानक सामने आकर दबोच लेती है। ये वहाँ अपने को प्रकट करती है जहाँ हमारी सोच नहीं होती। और अपने पर पाँव धरे जाते ही ये आस-पास के अवकाश को उदग्र भेदती, वेग के साथ आरोहण करती है।

तो एक मोड़ के तुरंत बाद हठात् सामने आई इस अप्रत्याशित ऊँचाई ने गाड़ी पर मेरी पकड़ में कंपन पैदा कर दिया। जैसे-तैसे इसे परे कर दूसरी ओर उतरते ही अगले मोड़ के बाद एक और तीखी चढ़ान ने ऐसे रास्तों पर मेरे पहली बार होने के भेद को उजागर कर दिया। आगे ताज़ा कोलतार का रेला सरपट उतरकर एक आह के साथ

मरोड़ खाकर फिर ऊँचाई की किसी फुनगी पर चढ़कर गुम हो रहा था। इसी 'धक्'कारी मोड़ पर किसी ने गाँव-भर मिट्टी ढूह बनाकर जमा कर रखी थी। मेरी छोटी गाड़ी को इसी में धँस कर कोलतार के साथ एक साँस में ठेठ ऊपर चढ़ना था। सड़क के एक तरफ़ पहाड़ था तो दूसरी और अंधा खड्ड। रास्ते का कगार जैसे अंतिम छलांग के लिए ही छोड़ा हुआ था। रणकपुर से दूदालिया होकर कुम्भलगढ़ का ये रास्ता शायद प्रचलित रास्ता नहीं था। जो भी हो अब ये पर्वत शिखर मेरे लिए अनंत को जाती सूच्याकार चढ़ाइयाँ थीं जिनपर पहुँचकर उच्चतम बिंदुओं पर अपने गुरुत्वकेंद्र को भी साधकर रखना था।

चारों ओर से अरावली शृंखला अब अपने विराट स्वरूप में दिखने लगी है। गाड़ी चाबी वाले खिलौने की तरह इस पर चलती है। हर चढ़ाई किसी उच्च्च शिखर की ओर यात्रा लगती है। सब ठीक होते रहने के संयोग के साथ समय बीतने पर गंतव्य समीप आता है। दूर से किसी नक्षत्र की तरह टिमटिमाते इस शिखर बिंदु पर गाड़ी कैसे पहुँचकर आगे कहाँ लुढ़की है, कुछ मालूम नहीं चलता। पर लगता है कोई उसे यहाँ की, हम लोगों की दुनिया में धकेलता है और मेरे लिए कुम्भलगढ़ का क़िला एकदम सामने आता है। किसी एंटिटी की तरह। एक ज़माने में ये ज़रूर पत्थर-गारे का संयोजन रहा होगा पर फिर धीरे-धीरे किसी व्यक्तित्व में बदल गया था।

संगो-ख़िश्त से हाड़-माँस का ढेर और फिर किसी बारिश में गिरी भीषण बिजली ने इसमें जैसे चेतना दौड़ा दी हो। इसके कंधे पर पाँव रखते हुए सर पर सवार होना एक ख़ूबसूरत अनुभव है पर सर पर लोहे की रेलिंग के मुकुट से नीचे झाँकना शरीर में ऐसी झुरझुरी दौड़ाता है जैसे किसी ने देह में बारिश के कीड़े झोंक दिए हों।

वापसी में क़िले से नीचे उतरती ढलान पर आगे जाकर केलवाड़ा है। यहाँ से चारभुजा के ठीक पहले देसूरी की ओर उतरकर अपने

ठिकाने जोधपुर जाने की आशु-योजना बनाता हूँ। वापसी का सफ़र फिर शुरू होता है। सामने कई किलोमीटर तक घना जंगल है। अरावली के इस महाखड्ड में जीवन कई तरह से पनपता है। गाड़ी कुछ ढलानों से होकर जंगल के गाढ़ेपन में घुसती है। एक लंबी थका देने वाली खोह। घात में बैठे किसी हिंसक पशु की तरह जंगल यहाँ बहुत सधा हुआ लगता है। एकदम तैयार। लगातार आपका पीछा करता हुआ। वैसे ही जैसे 'काफ्का ऑन द शोर' में काफ्का तमूरा को लगता है, जब वो पहली बार जंगल में घुसता है।

ट्रिक

एक ट्रिक या छोटी-सी युक्ति कितने बड़े काम करती है इसका अंदाज़ा हमें है। पर अगर और गहरे जाकर सोचें तो ये उन कामों को न सिर्फ़ अंजाम देती है बल्कि उन्हें बच्चों का खेल बना डालती है। आदमी के सामने असंभव-से प्रतीत होने वाले काम एक छोटी-सी ट्रिक से धराशायी हो जाते हैं।

जब समंदर को देखा भी नहीं था तब अमर चित्रकथा में सिंदबाद जहाज़ी की यात्राएँ पढ़कर मोहल्ले के खेल जीत लिया करते थे। उस वक़्त खेल में जीतना एक बड़ी लड़ाई को जीतने जैसा था और उसमें परिणाम को लेकर तयशुदा तौर पर कुछ भी कहा नहीं जा सकता था। कई बार तो खेल की बाज़ी में जीत असंभव लगती थी जब प्रतिद्वंद्वी अधिक मज़बूत होता था। पर किसी यात्री के धरती लाँघने की कथा या मिथकीय योद्धाओं के विजयी अभियानों से सच्ची घटनाओं-सा

विश्वास जगता था। उन कथाओं से जीतने का एक यक़ीन पैदा होता था भले ही जीतने का ये यक़ीन अदेखे और अविश्वसनीय भूगोलों से आता था। पर कभी ऐसा नहीं लगता था कि कोई ज़िंदा इंसान, हाड़-माँस का पुतला ऐसी अद्‌भुत यात्राओं को किनारे पर नहीं ला सकता या इन अभियानों में विजयी होकर नहीं लौट सकता। और जो सबसे बड़ी बात इन क़िस्सों में होती थी वो थी इन नायकों का बड़े और अविश्वसनीय कारनामे कर सकने का कौशल। कोई सूझ उन्हें बेहद विषम परिस्थितियों से हमेशा बाहर ले आती थी। वे साहसी पात्र होते थे और इन क़िस्सों में उनके साहस को ही उभारा जाता था। पर जिस तरह उनकी लड़ाइयाँ दैत्यों और दीर्घ मानवों से होती थीं, वे तूफ़ानों में फँस जाते थे उन स्थितियों में कोई ट्रिक ही उन्हें बाहर लाती थी, उन्हें किनारे लगाती थी। ट्रिक या सूझ जो भी नाम दें, जो ज़्यादा उचित लगे, के साथ हौसले का योग ही इन्हें आख़िर में सुखद अंजाम तक लाता था। केवल वीरता से काम नहीं बनता था हालाँकि सभी कहानियाँ इसी एक गुण पर ज़ोर देती आई हैं।

ट्रिक पर महारत से ही आश्चर्यों को साधने का विश्वास पाया जा सकता है। असंभव स्थितियों में भी असंभव संभव है ये भरोसा अर्जित किया जा सकता है। सभी ज्ञात स्थापनाओं के बिल्कुल समानांतर और एकदम विपरीत दोनों ही तरह, तरतीब और क़रीने से इस असंभव हौसले को गढ़ा जा सकता है। कुछ-कुछ उस असंभव प्रेम की तरह, जिसकी शुरुआत होते ही शुरू हो जाता है, इसे सरल किए जाने विश्वास। बिल्कुल खेल-खेल में ही छला जाता है असंभव का व्यूह। हुडिनी दिखाता है कि कई फीट पानी के नीचे भी ताला लगे बक्से के बाहर आया जा सकता है। बहुत बाद में जिसे हम एक ट्रिक के रूप में व्याख्यायित करते हैं पर शो के ठीक एक सेकंड बाद हैरतअंगेज़ रूप से आसान दिखते ही तालियाँ बजाते हैं। एक ट्रिक बहुत छोटी और

बेहद सादी होकर भी असंभव की धज्जियाँ उड़ा देती है। और सच में तो हैरतअंगेज़ क़रतबों में एक बिल्कुल सादी कला का ही इस्तेमाल होता है। आसान और संभव लगने वाले कामों में अक्सर ख़ासा वक़्त ज़ाया होता है पर किसी सूरत में न हो सकने वाले काम चुटकियों में ख़त्म हो जाते हैं। कई फंदों वाले स्वेटर की तरह जिसकी जटिल बुनाई को खोलना नामुमकिन काम लगता है पर कोई किसी एक ख़ास फंदे से एक ऊनी धागे को आज़ाद करते ही स्वेटर एक लंबे बेहद लंबे धागे से ज़्यादा कुछ नहीं लगता। जादूगर के हैट से निकलते ही यही असंभव कोने में पड़े कबूतर से ज़्यादा नहीं मालूम होता। असंभव हमेशा किसी ट्रिक से या खेल से हार जाता है। एक ख़ूबसूरत धोखे के आगे 'नामुमकिन' धोखा खा जाता है।

स्कूल में बच्चा

स्कूल में बहुत छोटे-छोटे बच्चे इधर-उधर टहल रहे थे। वे नहीं जानते थे कि कितनी मोटी फीस देकर, कई मिन्नतें करके उनका यहाँ दाख़िला करवाया गया है। आज इस स्कूल में कोई जलसा था। आज कोई भी टीचर बच्चों के लिए व्यस्त नहीं थी और सब यूँ ही भाग रही थीं लगातार, कहीं अन्यत्र व्यस्त।

जलसे को अच्छा-खासा इवेंट बनाने के लिए पूरा विद्यालय पाँवों पर था। किसी को आज फ़ुर्सत नहीं थी। सब दसों दिशाओं में भाग रहे थे। सिर्फ़ वेटिंग रूम में एक आदमी था जो बैठा था। वो फ़िलहाल अकेला था। तय वक़्त से पहले आया मुख्य अतिथि वो क़तई नहीं था। वो किसी बच्चे का पिता हो सकता था पर उसकी संभावना कम ही लग रही थी। कौन हो सकता था वो जो स्कूल की इस गहमागहमी से बिल्कुल अलग था? ये

संभव था कि वो स्कूल में किसी सामान्य काम-काज के सिलसिले में आया था जिसके लिए आज स्कूल के पास वक़्त नहीं था और उसे शिष्टाचारवश वेटिंग रूम में बैठने के लिए कह दिया गया था। जो भी हो पर वो स्कूल की आज की व्यस्तताओं में फिट नहीं बैठता था।

एक और भी कोई था, जिसकी तरफ़ ध्यान जाना मुश्किल लग रहा था, जो आज के इस माहौल में अपने-आपको सहज नहीं महसूस कर रहा था। वो एक नन्ही-सी बच्ची थी जो इस तमाम वैभव के बीच भी रोए जा रही थी। काफ़ी देर तक उसे रोते देख किसी ने तरस खाकर उसे एक लाल फूल पकड़ा दिया था। कुछ देर पहले या शायद घंटों पहले, ताकि वो चुप हो सके और स्कूल की रौनक़ बाधित न हो पाए। वो फिर भी रोए जा रही थी। पर उसके बाद किसी के पास इतनी फ़ुर्सत नहीं थी कि वो फिर से उसके लिए कुछ कर सके। उस फूल को वो रोने के दौरान बीच-बीच में अपने मुँह से लगा रही थी। वेटिंग रूम में बैठे आदमी ने, जो इस माहौल में वैसा ही था जैसे कोई पैदल महानगर के ट्रैफिक में पड़ गया हो, उसके पास आकर कहा- ''फूल को इस तरह मुँह से लगाओगे तो तुम्हारे होंठ लाल हो जाएँगे।'' बच्ची ने उसकी ओर देखा। पर वो उसी तरह रोती रही। बार-बार वो उस आदमी की ओर देखती रही और लगातार रोती रही। आदमी ख़ासा असहज हो गया। वैसे तो बाक़ी स्कूल भी आज असहज था पर उसका कारण अलग था। पहले अपना नाम बताकर उस आदमी ने उसका नाम पूछा। उसका रोना कम नहीं हुआ पर वो उस आदमी को लगातार देखे जा रही थी। उस आदमी ने अब अपने मुँह को टेढ़ा-मेढ़ा बनाना शुरू किया। अब बच्ची मुस्कुराते हुए रो रही थी। उसका मुस्कुराना और रोना बारी-बारी से हो रहा था। आदमी ने उसे अपने रूमाल से चूहा बनाकर दिखाया। फिर कोई और जानवर। शायद खरगोश। वो जैसे स्कूल में इसी बच्ची के लिए ही आया था। बच्ची अब अपना रोना

भूल रही थी और वो उस आदमी की हरकतों को ग़ौर से देख रही थी। इतने में एक महिला आई जो शायद उसकी माँ थी। उसने बिना उस आदमी से कुछ कहे उसे गोद में उठा लिया और वहाँ से चल दी। बच्ची फिर से रोने लगी। वो जैसे-जैसे उस आदमी से दूर हो रही थी उसका रोना और तीव्र हो रहा था।

वे दिन
(घिसे-पिटे राग पर बहकते हुए)

वे बेकार पड़े टायरों में उकड़ू फँसकर लुढ़कने और दुनिया को तेज़ गोल घूमते देखने के दिन थे। कितना मज़ेदार और जानलेवा था ये खेल! इसकी कल्पना भी पसलियों के पिंजरे में धड़कते दिल को एकदम से उछाल देती थी। किसी दोस्त की एक सक्षम लात से चोट खाकर किसी ट्रक का बेकार टायर लुढ़कता था। अपने में क़ैद एक लड़के को हर एंगल से दुनिया दिखाता। अक्सर टायर को गिरने से पहले ही दूसरे लड़कों द्वारा संभाल लिया जाता था। और यूँ तय होता था टीले की ऊँचाई से संभालने लायक़ ढलान का सफ़र। ऐसे क़रतबों के अलावा वे जीतने और हारने में काम आनेवाले खेलों के भी दिन थे। वे दिन इन खेलों में अक्सर हारने और कभी-कभी जीतने के दिन थे। वे दादा टाइप लड़कों से मार खाने के दिन थे। सिर्फ़ एक ही उम्मीद तब बची रहती कि पराजितों का भी कभी बेहतर इतिहास ज़रूर लिखा जाएगा। और एक संतोष इस विचार से

मादकता में बदलता कि ये दादा लोग भी आख़िर खंगार जी, किशन जी या लाल जी माड़साब से आए दिन पिटते हैं और यहाँ तक कि शांता बेन्जी भी सख़्ती से इनके कान उमेठती हैं। उस वक़्त इनकी सूरत देखने लायक़ होती थी पर इनके सामने ज़रा भी मुस्कुराना ख़तरे से ख़ाली नहीं होता था। वो बाद में कभी भी पकड़ कर पूरा बदला निकालते थे।

वे देर शाम तक मोहल्ले में खेलने के सिरफिरे दिन थे। अगर शाम को लौटने में देर हो गई तो दियाबत्ती के बाद घर के बंद किवाड़ उन दिनों बाहर ही रहने का सरल और मज़बूत संदेश देते थे। और हमारी विचित्र ढीठता दीवारें फाँद-फाँदकर हमें घर लौटाती थी। जेबख़र्च के लिए पैसों की लंबी ज़िद भी बेकार नहीं थी, वे दुनिया को दस पैसे में ख़रीदने के दिन थे। पर ज़ेबखर्च के लिए दस पैसे भी सहज नहीं मिलते थे, उन्हें अर्जित करना पड़ता था। उनके लिए ज़िद, याचना और ढीठता के मिले-जुले संयोजन का सहारा लेना पड़ता। पर ये तरीक़ा अक्सर विफल होता था क्योंकि घरवाले भी उतने ही ज़िद्दी और ढीठ थे और हमारी याचना का अतिरिक्त दबाव उन्हें और भी ढीठ और ज़िद्दी बना डालता था।

वे जटिल और तीव्र संचार से विहीन किंतु बेहतर संवाद के दिन थे। वे गुड़ के, रेडियो के, झरबेरी के, बड़बोर के, दौड़ने के, सुस्ताने के, हँसने के, ख़ुश होने के दिन थे।

वे भारत को रेडियो पर पहला वर्ल्ड चैम्पियन बनते देखने के दिन थे। और वे कुछ सरल रेखाओं में गतिमान लगते समय में पहली बार गहरे, तेज़, गोल घूमते और घुमाते प्यार जैसी तीव्र अनुभूति के वर्तुल में डुबा देने वाले दिन थे। हम ऐसी ही किसी वजह से गुमसुम से घर बैठे होते, जब नज़रें दूर विस्तार तक छतें लाँघकर थक चुकी होतीं और बिना ये जाने कि हम मोहल्ले के खेलों से आगे बढ़ चुके हैं, घरवाले सोचते आज फिर हारकर या कहीं से पिटकर आए हैं।

योद्धा

वो एक शानदार योद्धा था। मिट्टी के अखाड़े में उसका दर्प कभी खंडित नहीं हुआ था। वो पहलवानों की गुरु-शिष्य परंपरा में अपनी तरह का अकेला ही था। चौंधियाते क्रिकेट मैदानों से बहुत दूर अखाड़े के धूसर कोनों के इस लड़ाके की कुल सत्ता दंगल-मैदान के नापे जा सकने वाले महज़ कुछ क़दमों तक के चौकोर मैदान तक ही थी। इस मिट्टी के चतुष्कोण से बाहर निकलते ही उसकी शक्ति, ओज सबकुछ ख़त्म होने लगता था। और कुछ दूर जाते ही माँसपेशियों का ये ताक़तवर पुंज शिथिल डोरियों के ढेर में बदल जाता। उसका चेहरा लटक जाता। उसके कंधे गिर जाते, जाँघों का बल कहीं गुम हो जाता और उसकी लंगोट खिसककर गिरने लगती। दंगल के बाहर उसका सुगठित आकार ख़ानदानी हकीम-वैद्यों के चल-तंबुओं पर किसी फोटो में ही टँगा दिखता। वहाँ टँगे अपने फोटुओं में

वो भुजाओं के प्रसार में अपनी माँसपेशियों के बल को दिखाता था, जैसे आग्रह कर रहा हो कि छलावे पौरुष की हिमालयी रामबाण यहीं से ख़रीद लो। इन तंबुओं में भाँति-भाँति की जड़ी बूटियाँ रखी रहतीं जो खोयी मर्दाना ताक़त को लौटाने का भरोसा दिलाती थीं। कम-से-कम इन दवाओं को बेचने वाले तो ऐसा ही दावा करते थे। वे दंगल के इसी मल्ल-योद्धा की तस्वीर को दिखाकर शेखी बघारते कि वो पहलवान भी कभी शर्म से गड़ा जा रहा था पर उनकी दवा ने आज इसे चौड़ा 'असल मर्द' बना दिया है।

इतना ही विस्तार था उस पहलवान का। दंगल से इन तंबुओं तक। बल्कि सिर्फ़ दंगल तक ही, जहाँ की उसकी छवि को हकीम-वैद्य अपने फ़ायदे के लिए अपने तंबुओं में इस्तेमाल करते थे। इनके तंबुओं में उसे जहाँ ठीक समझा जाता, तस्वीर के रूप में लटका दिया जाता था।

दंगल में मिट्टी को मथने वाला ये योद्धा दंगल के बाहर अलग ही व्यक्ति के रूप में सामने आता था। एक निहायत साधारण इंसान। वो पूरी तरह नहीं समझ पाया था कि अखाड़े के बाहर भी खेल खेला जाता है। उसकी समझ में खेल वो था जो अखाड़े में खेला जाता था। नियमों की मर्यादा से आबद्ध। बाहर दुनियादारी के खेल बिना नियमों के ही खेले जाते थे, इस बात से वो ख़ासा अनजान था। लड़ाई उसके मुताबिक़ सिर्फ़ अखाड़े में ही होती है। उसके लिए लड़ाई मूलतः खेली जाने वाली चीज़ थी न कि लड़ी जाने वाली। और अखाड़े में लड़ाई जब एक बार ख़त्म हो जाती थी तो फिर वो दुबारा भी उसी अखाड़े में ही शुरू भी हो सकती थी, कभी भी। अखाड़े से बाहर लड़े जाने वाले मुक़ाबले अपनी तासीर में अलग ही होते हैं। यहाँ मिलने वाली हार अरसे तक अपना असर छोड़ती है, पर जीत बेहद कम टिकाऊ चीज़ के रूप में ही जानी जाती है। यहाँ बार-बार जीतना

पड़ता है और एक हार पिछली कई जीतों को ख़त्म कर देती है। असल में बाहर की दुनिया में आदमी सिर्फ़ हार को टालने के लिए संघर्ष करता है। बाहर लड़ी जाने वाली लड़ाइयाँ अखाड़े की लड़ाइयों से बिल्कुल अलग होती हैं और बिल्कुल अलग तरीक़े से लड़ी जाती हैं। बिल्कुल अलग तरीक़ों से जीती जाती हैं। बाहर की लड़ाइयों में जीत अपने विशुद्ध अर्थ में नहीं देखी जा सकती, इसे कुछ हलकों में 'मैनेज करना' भी कहते हैं। इन सब बातों की बहुत ज़्यादा जानकारी उसे नहीं थी। बाहर की लड़ाइयों में जीतना यानी हार को स्थगित रखना ज़रूरी है। यहाँ सम्मान के साथ हार जैसी कोई चीज़ नहीं होती बल्कि हारने के साथ ही आपका सम्मान भी चला जाता है। योद्धा इन बातों से अजाना था। उसके लिए लड़ाई अखाड़े में ही समाप्त किए जाने के लिए थी जो जीतने के भाव से भले शुरू की जाती थी पर जिसमें हारकर भी आपका सीना चौड़ा रह सकता है।

बाहर चौतरफ़ा हारों से मिट्टी के चौकोर अखाड़े का सफल योद्धा अंततः घर के मोर्चे पर भी लड़ाई हार बैठा और यूँ एक विफल बाप, पति और बेटा साबित हुआ। वो इस दौरान बार-बार अपने-आपको हिम्मत देता रहा कि एक सबसे महत्वाकांक्षी मुक़ाबले के बाद सब ठीक हो जाएगा। हर पहलवान के जीवन में एक सबसे बड़ा मुक़ाबला सपने की तरह पलता है। और अखाड़े में उसकी हर बाज़ी उस एक मुक़ाबले की पूर्व तैयारी की तरह ही होती है। हालाँकि उसे ख़ुद ये पक्का पता नहीं होता कि ये मुक़ाबला कब और किससे होगा? कुछ ऐसा ही सपना योद्धा के मन में भी पल रहा था। बस एक सबसे बड़ा मुक़ाबला और फिर विश्वविजेता। घर में घुसते ही वो भुजाओं की माँसपेशियों को उभारता चलता था। उसकी चाल में उस सपने के साथ दृढ क़दमताल थी। उसका आहार घर के बाक़ी सदस्यों से अलग था। पर जैसे ही घर के मोर्चे पर उसकी हार हुई,

उसे लगा, घर में वो सफ़ेद हाथी से कम नहीं है। उसकी थाली में रखा प्रोटीन का ढेर उसे विलासिता लगने लगा। वो समझ गया कि अखाड़े का कोई भी मुक़ाबला उसकी ज़िंदगी बदलने वाला नहीं है और उसे घर के लिए रोज़ सड़क पर मुक़ाबला करना है। धीरे-धीरे उसकी माँसपेशियों की लचक और ताक़त जाती रही। पेट की त्वचा पर झुर्रियाँ आ गईं। पाँव लड़खड़ाने लगे।

पिछले कुछ समय से अखाड़े में वो घंटों अकेला बैठा रहता, किसी अंतिम बची शरणस्थली में जैसे कोई निःशक्त बाघ निरंतर नश्वर होने के बोध से ग्रस्त एक हारी हुई लड़ाई के किसी भी क्षण आने वाले परिणाम की कातर प्रतीक्षा में बैठा हो।

फ्रेम

वो अपनी दादी के चित्र को देखता है जो कमरे के ऐसे कोने में लगा है, जहाँ आसानी से ध्यान नहीं जाता। रोज़ काम आने वाली चीज़ें जहाँ रखी हैं उनसे बिल्कुल विपरीत, दीवार में टँगी है दादी की तस्वीर। दादी को इस लोक से विदा हुए कुछ साल हो गए थे। शुरू के कुछ महीने तो उसकी तस्वीर नज़र की सीध में पड़ने वाली जगह पर टँगी थी जिसपर फूलों की माला भी लगा दी गई थी पर धीरे-धीरे तस्वीर खिसकती गई और अंततः ऐसे कठिन कोण पर आ लगी कि अब कई हफ़्ते हो जाते हैं, तस्वीर नज़र ही नहीं आती। माला भी कब की झड़ चुकी है। आज वो घर में बिना किसी काम के टहल रहा था और लगभग संयोग से ही उसकी नज़र इस तस्वीर पर पड़ गई। उसे याद आया कि बहुत अरसा हो गया था दादी की छवि को तस्वीर में देखे हुए। वो नज़दीक जाकर चित्र को देखने

लगा। वो चित्र को ग़ौर से देख रहा था। फ्रेम किया हुआ चित्र। वृद्धा के गले में कंठी लटकी है। उसका चेहरा किसी भी बुढ़िया के आम चेहरे जैसा ही है। किसी को उसमें कोई अलौकिक तेज नज़र आ जाए तो आ जाए, अधिकांश के लिए वो एक उत्तर भारतीय बुढ़िया का औसत चेहरा था। वो हालाँकि इस फोटो को देखकर कितनी ही बातें सोचने लग गया। उसे लगा कि विस्तार में पूरे फ्रेम को घेरे उसका चेहरा बेशुमार झुर्रियाँ लिए है जिनमें उसने अपना समय तह करके रखा है। वैसे तो इस बात में अनूठा कुछ नहीं क्योंकि हर वृद्ध ऐसा ही कुछ करता लगता है पर उसके मुताबिक़ उसकी दादी, जिसे विचित्र-सी लगने वाली चीज़ों का संग्रह कर उन्हें अपने जादुई संदूक में रखने का शौक जुनून की हद तक था, ने अपने समय को भी सलीक़े से छाँटकर, उसमें से जो नायाब था उसे उसने अपनी झुर्रियों में छुपा रखा था।

वो सोचता जा रहा था दादी का चेहरा देखकर। दादी ने अपने लंबे जीवनकाल में भरपूर सोखा था इस धरती के हवा पानी को। वो बहुत घूमी नहीं थी बल्कि शायद ही इस क़स्बे से बाहर कभी गई हो पर दुनिया ख़ूब देख ली थी उसने। जब उसने सूरज को देखा था पूरब से निकलते, वो ज़्यादा जवान था आज के मुक़ाबले। उसके ज़माने का चाँद ज़्यादा दूधिया था, हवा ज़्यादा ताज़ी और पेड़ ज़्यादा हरे। ऊँट भी ज़्यादा फुर्तीले थे तब। ऐसे भिन्न समय में दादी ने अनगिनत बार पक्षियों की ऐसी ऐसी प्रजातियों का कलरव सुना था जो अब इस दुनिया से समाप्त हो चुकी हैं। उनकी चोंच से निकलती आवाज़ें आज के परिंदों से मिलती-जुलती हो सकती हैं या उनसे बिल्कुल अलग, पर सही अर्थों में उनका गान हम खो चुके हैं। और न सिर्फ़ प्रकृति के संगीत का ये अंश हमने खोया है बल्कि हम इंसान के बनाए कई वाद्यों के सुर भी खो चुके हैं। दादी ने बहुत से ऐसे वाद्यों का संगीत

सुना था जिन्हें आज कोई नहीं बजाता। वे या तो किसी धूल खाए संग्रहालय की कम चर्चित दीर्घा में पड़े हैं या किसी घर की भखारी में पुराने बर्तनों के पीछे ठुसे हुए हैं।

परिंदों के गान और दुर्लभ लोकवाद्यों के सुरों को मंद पड़कर चुप होते देखना कितना दुखद रहा होगा! कुछ वैसा ही दु:ख उसने तब भी महसूस किया होगा जब क़स्बे का इकलौता तालाब पाटकर उसकी आत्मा पर कंक्रीट का टनों बोझ रख दिया गया था। ज़रूर उसने कुछ चुनिंदा बारिशों में इस तालाब को लबालब होते देखा होगा। तालाब को भरा हुआ देखना अंदर के ख़ालीपन को भरा हुआ महसूस करने जैसा अनुभव है। ये अंदर की ऐसी ही किसी प्रक्रिया का बाहर के विराट स्पेस में घटने जैसा है। ऐसे तालाब के, जिसके निर्मल जल में तल के गोल पत्थर भी नज़र आते थे, सूखते जाना, फिर उसका काई भरा कीचमात्र रह जाना और अंतत: कंक्रीट के नीचे दब कर मर जाना, कितना कष्टकारी रहा होगा? बेहद पीड़ादायक। बाद की पीढ़ियाँ इस तालाब के कहे को सिर्फ़ कुछ प्राचीन लोकगीतों में ही सुन पाएँगी।

कई घटनाओं के अंतिम गवाह होने की ज़िम्मेदारी ही जैसे दादी को दे दी गई थी। मोहल्ले के अंतिम बार हुए स्थानीय लोकनाट्य शैली के आख़िरी प्रदर्शन में भी दर्शकदीर्घा में वो बैठी थी। घर के सामने सूखने से पहले खेजड़ी के पेड़ ने अंतिम बार अपनी फलियाँ भी उसे ही खिलाई थी। न जाने कितनी ही कहानियाँ उसने अंतिम श्रोता के तौर पर सुनी थी और आख़िरी बार अपने पोते-पोतियों को सुनाई थी, जिन्होंने ये श्रृंखला बनाए रखने की ज़िम्मेदारी नहीं निभाई। कहानियाँ ही क्यों, उसने तो कितने ही लोक-संस्करण रामकथा और महाभारत के बोले हैं। जिन्हें उनके शास्त्रीय रूपों में कोई जगह नहीं दी गई है।

वो बताती थी कि पांडवों का अज्ञातवास उसके पीहर के गाँव में ही हुआ था। जहाँ भीम के भरपेट खाने लायक़ पीलू उपलब्ध थे और अर्जुन ने वहीं ऊँट पर सवारी करना सीखा था।

सिर्फ़ कुछ महत्वपूर्ण घटनाओं के अंतिम गवाह होने पर भी कहीं इनकी गवाही न दे पाने की कातरता भर नहीं थी दादी। शायद ये संयोग जैसा ही था कि ये सब उसके जीवन काल में घटित हो गया। अंतिम बार के लिए। उसके रास्ते को इनमें से किसी घटना ने काटा नहीं था यद्यपि इन्होंने उसके मन पर तो असर ज़रूर ही डाला होगा। वो अपने रास्ते से नहीं डिगी थी कभी। कहा जा सकता है कि वो पर्याप्त मज़बूत थी।

उसके हाथों ने, जो फोटो में दिखाई नहीं दे रहे हैं, संभवतः इतना जल सींचा था जिनसे विश्व की समस्त नदियों में बाढ़ आ सकती थी और उसके क़दम इतनी बार इसी घर में चल चुके थे कि जिनसे कई-कई बार पृथ्वी की प्रदक्षिणा की जा सकती थी। और यही छोटे पर दृढ़ क़दम घर की इतनी सीढ़ियाँ चढ़ चुके थे कि जिनसे कई सफल एवरेस्ट अभियान किए जा सकते थे। साथ ही इतनी दफ़ा वे घर के तहख़ाने में उतर चुके थे जो महासागरों के तल खँगालने को भी पर्याप्त था। उसका भूगोल बेहद सीमित था पर उसकी इसी भूगोल की यात्राएँ असीमित थीं। इनका वृत्तांत कुछ यूँ ही कहा-बताया जा सकता था। थोड़ा अतिरेक में। क्योंकि जब अंक और गिनती अपर्याप्त लगने लगें तो अंतिम मानदंड से भी नज़दीकी गणना हो सकती है।

मृत्यु से पहले दादी सवा दो महीने तक घर के अंधेरे कमरे में शैय्याबद्ध रही थी। शायद यही अवसर उसे मिला था नितांत अपनी दुनिया में विचरने का और उसे पहली बार आबाद करने का।

ठेले पर कमीज़

पुराने शहर की तंग गलियाँ। इतनी तंग कि कितना भी बचें आपके कंधे इन्हें तक़रीबन छूते हुए ही आगे बढ़ते हैं। पर चिंता की कोई बात नहीं, बरसों के मानवीय स्पर्श ने इनके कोनों को काफ़ी दोस्ताना बना दिया है। हाँ, चलते वक़्त फर्श के चिकने हो चुके पत्थरों का ध्यान रखना ज़रूरी है।

इनमें से एक गली सुस्त क़दमों से आगे बढ़ती हुई एक छोटे से चौक में खुलती है, जहाँ छोटी-छोटी दुकानों का अजायबघर है। यहाँ किसी दुकान से तेल में खौलते समोसों से आती भारी गंध है। कहीं मैचिंग ब्लाउज के कपड़े की दुकान है। किसी दुकान में किराना है। किसी में सुगंधित सुपारियाँ हैं। किसी में इत्र के रूप में शीशियों में भरी सुगंध है तो किसी में सब कुछ है और किसी-किसी में तो और भी बहुत कुछ है। यहाँ किसी दुकान में आटे की सेवइयाँ

मिल जाएँगी। किसी में आपको असली खाने वाला गोंद मिल जाएगा और इन्हीं में से किसी में उत्तम क्वालिटी का फीका मावा भी मिल जाएगा। यहाँ सब कुछ मिलता है। वस्तुत: ये डिब्बे, झाड़ू, हमामदस्ते, सिलालोढ़ी वग़ैरह का प्रागैतिहासिक संसार है। यहाँ सस्ता सामान मिलता है। यहाँ सबके लिए सामान मिलता है। यहाँ इस्तेमाल किया सामान भी मिलता है। यहाँ धोती मिलती है। यहाँ जींस मिलती है, एकदम नई जैसी। एक बार पहनी हुई से लेकर कुछ महीनों तक पहनी हुई। यूँ कोई ढूँढ़ने पे ही उतारू हो जाय तो कुछ सालों तक पहनी हुई भी मिल जाएगी। कोने में एक मंदिर है जिसकी जीर्ण-शीर्ण पताका ऊपर की स्फूर्त हवा में काँपती है। एक बीमार गाय, जिसके नथुनों से कोई तरल बहता रहता है, इस चराचर जगत के दयनीय होने की घोषणा करती है।

यहीं इसी चौक में एक ठेले पर बिकने के लिए रखे हैं कमीज़, पतलून, फ्रॉक, बंडी जैसे रेडीमेड कपड़े। कभी किसी समय में इस्तेमाल किए हुए, फिर घर-घर फेरी लगाने वालों को बेचे हुए, जो गठरी में बंद पड़े पुरानी फैशन के कपड़े तौल के भाव ले जाते हैं और बदले में स्टील का कोई छोटा-मोटा बर्तन दे जाते हैं। ऐसा ही कोई फेरीवाला इस ठेलेवाले को सीधे ही कपड़े दे जाता है या वो धोबी से धुलवा, प्रेस करवाकर दे जाता है। इस प्रणाली के बारे में ठीक-ठीक पता नहीं पर अंततः पुराने कपड़े नए होकर फिर से बिकने के लिए आ गए हैं इस ठेले पर। जिस घर से विदा हुए थे उस घर वाले लोग भी ख़ुश कि पुराने कपड़े किसी काम तो आए।

देखिये! ठेले पर रखी ये शर्ट सिर्फ़ साठ रुपए की है। धुली हुई, ईस्त्री की हुई। कोई अच्छे ब्रांड की लगती है। पहली बार ख़रीदी गई होगी तो सात आठ सौ से कम की क्या होगी! अब फिर से इसे कोई पहनने के लिए ले जाएगा। सिर्फ़ साठ रुपए में। मोलभाव थोड़ा

ठीक से किया जाय तो पचास में भी हाथ लग सकती है। और शाम के वक़्त ठेला समेटते समय इससे नीचे के भी किसी दाम पर सौदा हो सकता है।

ये कमीज़ बाक़ी पड़े कपड़ों के ढेर से कुछ अलग लगती है। इसके कोमल सूती धागे स्पर्श करते समय उँगलियों को बड़े सुहाते हैं। हाथ में उठाकर देखो तो सिर्फ़ इसके कंधों से रंग थोड़ा फीका पड़ा है। हो सकता है इसी वजह से इसे पहनना बंद किया गया हो। क्या इसे शादी की पहली एनवर्सरी पर पत्नी ने उपहार में दिया था? नहीं, फिर तो ये यहाँ नहीं हो सकती। पर कमीज़ दुल्हन के शादी के जोड़ों की तरह संभाल कर कहाँ रखी जाती है! इसे संदूक में जगह नहीं दी गई होगी। इस्तेमाल से बाहर आते ही घर में पुराने फटे हुए कपड़ों की गठरी में इसे ठूँस दिया गया होगा। ये बात अलग है कि घर में पहली बार पुराने कपड़ों के ढेर में जाने से ठीक पहले इसका अपना एक विशिष्ट व्यक्तित्व रहा है। सूत के धागों से बुनी गई ये कमीज़ कई दिनों तक फेवरेट कमीज़ की तरह पहनी गई है। कितने ही स्पर्श, पत्नी की उँगलियों के, इसके ऊपर वाले बटन पर दर्ज़ हैं। जब भी कभी, शर्ट पहनने वाले ने ऑफ़िस जाने के जल्दबाज़ पलों को धता बताकर पत्नी के हाथों को थाम लिया होगा तब कमीज़ के खुले बटन से होकर स्त्री का चेहरा पुरुष के सीने में धँसा होगा। उसके पसीने की पौरुषेय गंध से भरी उमस को महसूसते हुए। स्वेद में घुली वो मीठी-सी घुटन जो पत्नी ने महसूस की होगी उसकी गंध इस शर्ट से क्या अब चली गई होगी? अनगिन बार इसकी सतह पर नामालूम वजह से स्त्री के आँसू क्या इतनी जल्दी डिटर्जेंट से साफ़ हो गए होंगे? यहाँ तक कि पुरुष के कमज़ोर क्षणों में भीगी आँखों को भी इसकी आस्तीन ने ही सहलाया होगा। क्या उसकी स्मृतियाँ बाजुओं पर अंकित नहीं रही होंगी? इसके कंधों से रंग ज़रूर फीका

पड़ गया है पर इसके तंतुओं की मज्जा में घुले प्रेम के चटख रंग क्या इतनी जल्दी चले गए होंगे? साठ रुपए की इस कमीज़ में कितना कुछ अंतरंग और कितना कुछ गोपन बसता है! बस, ये जिस दिन गठरी में आई उसी दिन से नश्वर हो गई। इसके दिन गिनने लायक़ रह गए। एक बार घर की गठरी में आते ही इसके बारे में पहनने वाला भी कुछ दिनों बाद भूल गया होगा। बेकार कपड़ों की गठरी को भी किसी ऊँची टाँड़ में सबसे पीछे जगह दी गई होगी। कुछ दिन बाद ही जिसके सहारे मकड़ियों ने अपने जाले बुनने शुरू कर दिए होंगे। धूल की कई परतें इस पर चढ़ती गई होंगी। गठरी में जाना इस कमीज़ के लिए बहुत बड़ा सदमा था। ये उसके लिए मृत्युदंड जैसा था। पहनने वाले के कंधों पर शान से झूलती या हैंगर पर इठलाती इस शर्ट के लिए गठरी एक काल कोठरी थी जिसमें उसका दम घुटना तय था।

और आख़िर एक दिन इस कमीज़ की लाश सहित इस गठरी को किसी फेरीवाले के आने पर स्टील के किसी डिब्बे के बदले विदा कर दिया गया होगा। और कमीज़ भी फटे, कम फटे, ठीक-ठाक और पहनने लायक़ कपड़ों के साथ बिना अपने व्यक्तित्व की सही क़ीमत पाए फेरीवाले के बड़े झोले में टिका दी गई होगी।

अब ये शर्ट इस ठेले पर फिर बिकने के लिए आई है, कोई नया ही आदमी इसे पहनेगा। पहनने वाला क्या इस पर लगी कुछ अंतरंग स्मृतियों की छाप को महसूस कर पाएगा? कौन जाने? और इससे फ़र्क़ भी क्या पड़ता है? वैसे भी कमीज़ अब सिर्फ़ एक सिला हुआ कपड़ा भर ही तो रह गई है। रद्दी कपड़ों की गठरी में इसने अपने कमीज़ होने का भाव तो कब का तिरोहित कर दिया था। अब ये कुछ और ही है। कमीज़ है तो भी वो वाली नहीं।

शाम तक सिर्फ़ साठ रुपयों में ये कमीज़ किसी और घर की खूँटी पर टँगी होगी। इसे कल पहना जाएगा।

बारिश से ठीक पहले

ऊपर आसमान में घने बादलों भीड़ थी। शाम का वक़्त था पर रोशनी बहुत तेज़ भागती कहीं दूर जा पहुँची थी। ये दावा तो नहीं किया जा सकता कि बिल्कुल 'हाथ को हाथ न सूझे' जैसा अँधेरा था पर इतना तय था कि रात से ज़्यादा अँधेरी थी ये शाम। बादलों के कठोर आवरण ने आसमान से किसी क्षीण प्रकाश को भी नीचे उतरने नहीं दिया। पर बादल नीचे, और नीचे आ रहे थे। वे इतने काले थे कि शाम के इस अँधेरे से एकमेक हो रहे थे। वे बस नीचे ही उतरते जा रहे थे। लगता था वे बिना बरसे धरती पर विशाल फोम के गद्दों की तरह गिर पड़ेंगे। ऊपर आसमान में सूरज नदारद था फिर भी गर्मी तो ऐसी कि कछुए की खाल तक से पानी निचोड़ दे। हवा में हल्कापन बिल्कुल नहीं था। कुछ-कुछ ज़िंदगी की शाम की तरह भारी, अवसाद से भरी हुई। उसमें इतना भार था कि उसे फेफडों से खींचने में पूरी शक्ति लगानी पड़ रही थी। अजीब-सी घुटन फेफड़ों को मसल डालने में लगी थी। सब कुछ नीचे बैठता जा रहा था। पृथ्वी

के गुरुत्व के आगे समर्पित हो रहा था। बाक़ी दिनों में गर्व के साथ आकाश बींधती ऊँची-ऊँची इमारतें आज ऐंठ कर दोहरी होना चाहती थीं। अपनी पीठ न खुजा पाने की बेबसी से भरा शहर का विशाल दुर्ग अपने शिल्प की तमाम शास्त्रीयताओं को तोड़ना चाह रहा था।

ये जानलेवा उमस काले, ठोस बादलों के अभेद्य आवरण में एक अजीब-सी तड़प भर रही थी। ये कुछ-कुछ सृजन की इच्छा जैसा था। रोड लाइट से रोशनी के साथ स्लोमोशन में झरते कीट अपने सर्वश्रेष्ठ समय में जी रहे थे। वे इधर-उधर गिरते जा रहे थे। वे कहाँ गिरेंगे इसका अनुमान भौतिकी का कोई भी नियम नहीं लगा सकता था। ये बारिश से ठीक पहले का समय था इसे कोई भी बता सकता था पर साथ ही ये भी बात सही थी कि कोई दावा नहीं कर सकता था कि इसके बाद बारिश होकर रहेगी। बारिश एक उम्मीद की तरह थी। पर इस बोझ से भरे, वज़नी माहौल में इतनी-सी उम्मीद भी असंभव-सी जान पड़ती थी। ऐसी उम्मीद करना एक बहुत बड़ी महत्वाकांक्षा पालना था। जिसे ऐसे समय में पाले रखना बेहद महँगा था। ये कैसी विडंबना थी कि बारिश से पहले के घटाटोप में भी बारिश एक असंभव या सबसे अचूकता से कहा जाय तो अत्यंत दूरस्थ उम्मीद भर थी। ये किसी काली रात में बीहड़ के उस पार एक झोपड़ी में किसी दयालु मुनि की उम्मीद जैसी थी। ऐसे में उस वक़्त कहीं भाग छूटा जाय सिर्फ़ इतनी चाह काफ़ी नहीं थी, बल्कि जो शिद्दत से महसूस होता था वो ये कि सीधे ऊपर उड़ लिया जाय और बेहतर तो ये कि कोई धरती के पलायन वेग की सीमा से परे जाकर प्रक्षिप्त कर दे आसमान से भी ऊपर कहीं।

पर सब कुछ पृथ्वी के हवाले किया जा चुका था, उसका गुरुत्व असीम था। वो सब कुछ खींचे जा रही थी अपनी तरफ़। सतह के साथ बँधे होना ही जैसे पर्याप्त नहीं था, एक तलहीन गड्ढा खींचता था अपनी ओर। और हमारी आँखें देखती थीं स्वप्न अपनी माँद का।

सुबहें

पीपल के पत्तों से झरकर आती सुबह बहुत उजली लग रही थी। एकदम साफ़ झक। शफ़्फ़ाफ़। बिल्कुल सुबह जैसी सुबह। निवेदन है कि इसकी किसी और चीज़ से तुलना न की जाय, ये सिर्फ़ सुबह थी। सुबह जैसी होनी चाहिए वैसी ही। विशुद्ध सुबह। न कोहरे में लिपटी, न धूल से सनी। न ज़्यादा चमकीली न ज़्यादा धुँधली। रात के काजल को अपने उजास से प्रक्षालित करती। ये कुछ बेहद कम उपलब्ध हो सकने वाली विशुद्ध सुबहों में से एक थी।

नीचे धरती का तो पता नहीं पर ये सुबह छत पर तो ज़रूर आई थी और छत के कूटे हुए चूने की सतह पर वो रुई के नर्म फाहों-सी गिरी थी, हौले-से। और इसने अपनी ताज़गी में छत को तर कर लिया था। सुबह से भीगकर छत अब तैयार थी। उसपर सूरज, क्षितिज से कभी भी नमूदार होकर, पीला रंग फेंकने वाला था। मंदिर

में भगवान को जगाया जा चुका था पर उनकी आँखें अभी भी नींद से बोझिल थीं। उनकी सुबह घंटियों की टनकार से होती थी। वे जग गए थे पर अभी 'जागे-से' न थे। घंटियों की आवाज़ें उन्हें भले ही धीरे-धीरे जगा रही थीं और उनकी जाग अभी पूरी तरह से आई नहीं थी पर मंदिर में बाक़ी सब कुछ जगा हुआ-सा था। बेहद स्फूर्त था। पत्थर की जालियों से उजाला भीतर घुलता जा रहा था। ताज़ी हवा रातभर कपाट में बंद घुटन को धीरे-धीरे आज़ाद कर रही थी। पुजारी अपना काम बेहद दक्षता से कर रहा था। पक्षियों की चीं चीं जहाँ से जगह मिलती, मंदिर में आ रही थी। टीका लगाने के लिए मंदिर में रखे चंदन को इस सुबह ने एक विलक्षण सुगंध से भर दिया था। इस तरह सुबह मंदिर में भी हो चुकी थी। ब्रजराज कुँवर जाग चुके थे। यद्यपि तंद्रालस में वे अभी भी कुछ अनमने थे। आस्थावानों का अभी जमघट नहीं लगा था बस इक्का-दुक्का ही मंदिर में आ रहे थे जिसका अंदाज़ अच्छे-ख़ासे अंतरालों में बजती घंटियों से लगता था।

भले ही मंदिर में सुबह हो गई हो पर छत के चारों तरफ़ और उसपर पसरी इस सुबह के ठाठ कुछ निराले ही थे। ये किसी सफ़ेद उजली चादर की तरह बिछ गई थी। इसने छत को और छत पर पड़ी हर चीज़ को अपने लिहाफ़ में लपेट लिया था। छत पर जितनी भी चीज़ें थीं सब पर सुबह आ गई थी। ये चीज़ें बाज़ार जाते बच्चों की तरह सजी-धजी लग रही थीं। सुबह ने उनको नए कपड़ों में सजा दिया था। सुबह की धूप अभी आना बाक़ी थी इसलिए इन चीज़ों पर सुनहरा रंग नहीं चढ़ा था। वैसे भी धूप आने के बाद काहे की सुबह! सुबह तो धूप से पहले होती है। ख़ैर, अभी मुकम्मल सुबह थी बिना धूप वाली साफ़, उजली। छत की हर चीज़ इसमें अपने आपको तरोताज़ा महसूस कर रही थी।

घर की छतें भी छोटा-मोटा अजायबघर होती हैं। कहीं किसी

मटकी में डलियों वाला नमक रखा है तो किसी में पिछली दीवाली पर की गई सफ़ेदी का बचा हुआ चूने का पानी है। पतंग और चरखी भी इसी छत पर हैं। बरसों पुराना लकड़ी का फ्रेम भी है तो पानी की टंकी भी इस पर है। भाँति-भाँति की चीज़ें हैं जिन्हें उनकी ज़रूरत के अनुसार अलग-अलग कोनों में रखा गया है। क्या कुछ नहीं है छत पर! क्या कुछ नहीं होता छत पर! और इन तमाम चीज़ों और इस्तेमाल से बाहर पर इस्तेमाल की गुंजाइश वाले माल से भी महत्वपूर्ण है कि छत पर रखा रहता है वो दुर्लभ एकांत जिसमें सुरक्षित है वह इंतज़ार, जो सामने की किसी छत पर आने वाली प्रेयसी के लिए किया जाता है। घर में नीचे की गहमा-गहमी से बिल्कुल भिन्न है ये एकांत। लड़का बेवजह ही छत पर आ जाता है पर लड़की के लिए कोई वजह तलाशनी होती है। और जो आसानी से मिल भी जाती है क्योंकि अगर वो सामने की छत पर खड़े 'कोई' के लिए अपनी छत पर न भी आ रही बताना चाह रही हो तो भी उसे घर के कई कामों के लिए छत पर दिन में दसियों बार आना है।

दिन चूँकि गर्मियों के थे तो पड़ोस की छतों पर कई अघोरी अभी भी सोए पड़े थे। वैसे अभी सोए जा सकने जैसा समय भी था। पर हाँ! औरतें घरों के कामों में लग चुकी थीं। शायद इन औरतों के लिए सुबह कोई बेमतलब चीज़ थी। नहीं शायद ऐसा नहीं था, सुबह के उजाले से पहले ही इन औरतों को 'बासी' काम में लग जाना होता था। ये वो काम होते थे जो उठते ही बिना नहाए किए जा सकते थे। बुहारी इन्हीं कामों में से आख़िर में किया जाने वाला काम था। इससे पहले घर की चीज़ों को फटकना उन्हें यथास्थान रखना जैसे काम थे। इसलिए सुबह इन औरतों के लिए कोई विलासिता जैसी चीज़ थी। 'सुबह का उजास', 'धीरे-धीरे धूप का सरकते हुए आना' इस तरह के वाक्यांशों से वे निरपेक्ष ही रहती थीं। आज भी जब छत पर सुबह

थी, घर विगत दिन की सोखी हुई गर्मी छोड़ रहा था। वे नीचे घर में काम पर लगी थीं। ऐसा भी नहीं था कि वे सुबह की ताज़ा हवा के सुखद झोंके नहीं लेना चाहती होंगी पर इन सबके लिए उनके पास समय नहीं था। ख़ैर, सबसे अभागे तो वे थे जो छत की इस सुबह में भी बिना सुबह को महसूस किए नींद में लुढ़के पड़े थे। उनकी नींद सुबह की ठंडक में और सघन हो गई थी, पर वे ख़ुद उल-जलूल सपनों में उलझे थे। उनके टेढ़े हुए मुँह से लार की लकीर उनकी बेहोशी को और दयनीय बना रही थी। ख़ासकर तब जब आसानी से इस बात की ताईद की जा सकती थी कि कितना आसान था इस प्रभात के आनंद को समूचा भोगना और इस सुबह को धीरे-धीरे अपने भीतर सोखना। कोई भी इस अनूठी और जादुई सुबह में छत पर, दुनिया की अभी-अभी शुरू हुई गहमा-गहमी से थोड़ा ऊपर आकर चित्रकथा पढ़ने के, सामने पेड़ पर परिंदों को देखने या देखते रहने, या फिर यूँ ही पड़े-पड़े सोचते रहने के सच्चे आनंद को नितांत अकेला भोग सकता था।

छत पर भैया लोग सोए पड़े थे। बाक़ी बड़े बुज़ुर्ग मुँह-अँधेरे ही नीचे जा चुके थे। ऐसे में इस सुबह अकेले ही बैठे-बैठे दुनिया को धीरे-धीरे जागते हुए देखने का सुख कुछ-कुछ वैसा ही था जब घर में आपके अलावा और कोई न हो और आपके हाथ माँ का छिपाया मिठाई का डिब्बा लग जाय। हाँ, यह किसी गोपन सुख का ही आनंद था जो बिना किसी की जानकारी में आए सामने प्रकट था। और बड़ी बात ये भी थी कि कम-से-कम उस वक़्त तो पास में कोई ईर्ष्या करने वाला भी नहीं था।

बुखार में और उससे बाहर

नाक में घूमता है तमतमाई भीतरी झिल्ली से रिसता श्लेष्मा का गरम पानी। किसी नामालूम द्रव से भरी आँखों की झील उफनती है। मस्तिष्क गाढ़े लावा-सा बहता है धमनियों में। चाहता हूँ कि इस धधकती देह से निष्कासित कर दिए गये गैस भरे गुब्बारे की मानिंद ऊपर छत से टिका रहूँ। इस देह में बहुत बेचैनी भर गई है। इसका भार अब असहनीय हो गया है। और कौन है जो इसके ताप को इतना बढ़ा रहा है? रक्त अपने उबाल बिंदु पर पहुँच रहा है। अस्थियाँ सुलग कर चटकती-सी लग रही हैं, माँस की चिरांध मेरे ही नथुनों से बाहर आ रही है। गंध का अहसास तो बाक़ी नहीं रहा पर कोई भाप छीलती-सी बाहर आती लग रही है। बिस्तर पर पड़े इस तप्त शरीर से बाहर आकर थोड़ा अपने को शीतल करना चाहता हूँ। इसकी दीवालों की घुटन से बाहर आकर कुछ देर ठंडी हवा में रहना

चाहता हूँ। इसके बोझ से मुक्त होकर थोड़ी देर भारहीनता की स्थिति में रहना चाहता हूँ।

ऐसी अवस्था में सपने एक बहुत तेज़ भागती रील हो गए हैं। जिनके चित्रों को किसी मसखरे ने बेतरतीब जोड़ रखा है। एक बहुत ऊँचा शिखर दिखाई देता है। नोकदार। जिसके दूसरी ओर सिर्फ़ जानलेवा ढलानें हैं। एक महान शिखर की छाया एक अंतहीन गहराई में गिरती है। सपने में मैं इसी ऊँची चोटी पर आ गया हूँ। और आसमान में कहीं दूर पहुँचती ऊँचाई बेहद अस्थिर होकर डोलती है। मेरे पैरों के नीचे लगातार कुछ झन्ना रहा है। लगता है पृथ्वी अपनी कील पर डाँवाडोल लट्टू-सी घूम रही है। उसका भी घूर्णन गड़बड़ा गया है, एक डर-सा लगता है। कहीं कील से ये फिरकनी दूर न जा गिरे। खगोलीय नियमों की गणितीय सटीकता एक भ्रम लगने लगती है। पूरे ब्रह्माण्ड की यांत्रिकी में कोई गड़बड़ी आ गई है। कितनी देर तक विभ्रम बना रहता है, कुछ पता नहीं। कितना समय इस बीच निकल जाता है बिना चिह्नित हुए, याद नहीं।

फिर, कहीं एक जद्दोजहद चलती है शरीर के भीतर। बिगड़ी हुई हार्मनी को किसी तरह उसकी रोज़ाना की लय पर लाने की कोशिशें चलती हैं। कोई और नहीं शरीर ख़ुद ही लय में आना चाहता है। शायद ज़्यादा बर्दाश्त नहीं किया जा सकता इतना सब कुछ अनियंत्रित, नियमों से बाहर। चरम पर पहुँचे तनाव के बाद शैथिल्य की ओर ही लौटना है। इस बार भी।

हाँ, लगता है। अब लौटने का रास्ता यहीं कहीं था।

अब तक देह से निरपेक्ष रही चेतना धीरे-धीरे भारी होकर नीचे बैठती है। कोई दौड़ खत्म होने के बाद की हाँफ, जिसमें अब तक तीक्ष्ण नोक पर टिके रहे प्राण पसरना शुरू होते हैं, भरने लगते हैं धीरे-धीरे। देह के भीतर ताप सिकुड़ रहा है। विश्रांति लाती छोटी-

छोटी तंद्राएँ आने लगती हैं। छाती में भारी हो चुके क़फ़ की आवाज़ में अब गुरुता है। आँखें बाहर देखती हैं। पेड़ों का झूलना, लोगों का चलना, पक्षियों का उड़ना, भागना कुत्तों का, सब धीरे होता जा रहा है। लगातार। परिदृश्य मानो किसी चिपचिपे द्रव में डूबा है जो लगातार और ज़्यादा गाढ़ा होता जा रहा है। क्रिस्टलीकरण की प्रक्रिया में जैसे अंततः एक बिंदु पर आकर सब कुछ किरचों में बिखर जाएगा और तैरने लग जाएगा बाहर, स्फूर्त हवा में।

माचिस की डिबिया

तीली

माचिस की हरेक तीली की नोक पर पिछले दस हज़ार सालों का इतिहास दर्ज है। उस नोक की एक रगड़ से उत्पन्न आग इंसान की पैदा की गई पहली आग की स्मृति है। वो पुरातन आग भले ही किसी तीली की नोक से न निकली हो। भले ही वो पत्थर की रगड़ से पैदा हुई हो पर असल में तीली उस स्मृति से ज़रूर जोड़ती है जिसमें आदमी को पहली बार पता चला था कि आग अनायास या औचक दिखने वाली चीज़ ही नहीं है। उसे पैदा भी किया जा सकता है। और ये सिर्फ़ उस आग, ताप की स्मृति ही नहीं है। उस ज़ायके की स्मृति भी है जो पके हुए खाने के जीभ पर आने से पहले ख़ुशबू के रूप में पहली बार फैला होगा। और जीभ पर आकर जिसने इंसान के घर में एक

रसोई बनाई होगी। हो सकता है जले हुए अन्न या माँस का स्वाद उसने अपनी बनाई आग से पहले ही किसी अनायास घटी घटना में ले लिया हो, कोई पहले से जलती आग में उसका भोजन गिर गया हो और उसे निकालकर खाने में उसे कुछ अलग ही स्वाद आया हो पर उसके बाद उसने आग बनाना सीख लिया तब उसे अपने भोजन के बर्तन के नीचे ज़रूर रखा होगा। ये सारी बातें तीली की नोक से निकली आग हमें याद दिलाती है। ये हमारी उस प्राचीन स्मृति को अब तक ऊष्मा देती रही है। आग उत्पन्न करने की प्राविधि का विकास ही तीली में जाकर हुआ था। असल आग तो रगड़ या घर्षण में है चाहे वो पत्थर में हो या तीली में। तीली उस रगड़ से बिखरे आग के अणुओं को अपने ईंधन से और बढ़ा देती है। ये हर रगड़, हर आघात, हर घर्षण को सटीक बना देती है। तीली आदमी के आघात की सटीकता है। माचिस की तीली अपनी डिबिया में मौन रहती है। एक रगड़ भर का फ़र्क़ है, इसके मूक से वाचाल होने में।

डिबिया

माचिस की डिबिया सिर्फ़ तीलियों को सहेजने वाला कार्डबोर्ड का बक्सा भर नहीं है। इसके एक ओर मसाला लगी खुरदरी पट्टी तीली को ज़रूरी घर्षण उपलब्ध करवाती है। इसकी समतल सतह पर ब्रांड के अनुसार कोई चित्र बना होता है। बहुत कम ही बार माचिस को उसके ब्रांड के आधार पर इस्तेमाल किया गया होगा। माचिस के हज़ारों ब्रांड चलन में रहे हैं, आज भी हैं। घर में इसकी जगह अब उतनी नियत नहीं रही। पहले रसोई की टाँड पर सबसे किनारे पर कोई भी, सिर्फ़ हाथ फिराकर माचिस की डिबिया बरामद कर सकता था पर अब लाइटर की सहज उपलब्धता ने इसका स्थान भगवान के आले में अधिक स्थाई कर दिया है। रसोई में भी शायद एकाध डिब्बी मिल

जाती है। पर उसे किसी डिब्बे में ढूँढ़ना पड़ेगा।

इस नन्हे से चौकोर बक्से में कोई जादू नहीं हैं। इसके सिपाही यानी इसमें बंद तीलियाँ, एक-एक कर आग की भेंट चढ़ जाती हैं। उनका काम ही यही है। वे अपनी एक रगड़ से आग की नन्ही-सी लपट पैदा करती हैं और फिर बुझ जाती हैं। कुछ देर धुआँ कर वे किसी कचरे की टोकरी के हवाले कर दिए जाते हैं। अपने आख़री बचे सिपाही के भी अपना काम ख़त्म कर, चुक जाने के बाद, माचिस का बक्सा घर में अपनी ज़िम्मेदारी से मुक्त कर दिया जाता है। वो अक्सर उसी कचरे की टोकरी में चला जाता है या किसी के बूट से चपटा कर दिया जाता है। पर यहीं से उसकी ब्रांड वैल्यू पहचानी जाती है। ज़रा याद कीजिए अपने बचपन को।

माचिस की डिबिया एक तीली की तरह पुरातन धुएँ में लिपटे खाना पका रहे सबसे पहले चटोरे आदमी के दर्शन भले नहीं कराती पर कुछ साल पहले ही पीछे छूटे बचपन को ज़रूर हमारे सामने प्रकट करती है। बचपन का वो शौक याद हैं न आपको? ख़ाली माचिस की डिब्बी के ऊपरी चौकोर भाग को इकट्ठे करने का जिस पर ब्रांड-नाम के साथ चित्र बना होता है। इसे छाप कहते थे। उस वक़्त बंदूक छाप और मुर्गा छाप माचिसें आम मिला करती थीं। इन डिबियाओं की छापें जमा करना सब बच्चों का प्रिय शगल हुआ करता था। जिन्हें इकट्ठा करने के लिए ख़ुर्दबीनी नज़र के साथ काफ़ी आवारा भी होना पड़ता था। इन माचिसी कला नमूनों से एक खेल भी खेला जाता था जिसमें लड़के अपनी छापों को एक समतल धरातल पर इकठ्ठा कर एक पत्थर से उन्हें उनके घेरे से बाहर निकालने का प्रयास करते थे। जिस खिलाड़ी के वार से जितनी छापें बाहर वो उतने का मालिक। हाँ, इन छापों के अंक तय थे। ब्रांड के हिसाब से। बंदूक वाली का एक तो मुर्गे के पाँच। ये अंक ही खेल में हार-जीत का फ़ैसला करते थे।

छापें इकट्ठा करने का शौक इस खेल के बाद भी जारी रहता था। खेल तो बाद में फिर खेल लिया जाएगा। मुर्गा चला गया तो क्या, बंदूक तो है। और छापों के दुर्लभ नमूने भी मिल जाया करते थे, बस इसके लिए भटकना पड़ता था।

सर पर धूल

असल बात तो ये थी कि छापें जमा करने का शौक हमें भटकने का मौक़ा देता था। क्योंकि बेहतरीन नमूने बीनने के लिए अपनी और मोहल्ले की चौहद्दी को लाँघना पड़ता था। बेशक ये काम घर वालों से छुपकर ही होता था। माचिस की छापों का शौक घरवाले निहायत रद्दी मानते थे, क्योंकि घर के बाहर माचिस का इस्तेमाल सिगरेट जलाने में होता था और घरवाले माचिस और सिगरेट की अनूठी दोस्ती से आशंकित रहते थे। इनकी आपस में संगति इतनी पक्की मानते थे कि जहाँ डिबिया बीनने का शौक हुआ नहीं, वहीं धुएँ उड़ाने में देर नहीं लगने वाली। कुछ इस तरह की सोच थी उनकी। पर भटकने का अपना सुख है। एक नियत भूगोल को लाँघने का सुख। और लगभग वर्जित क्षेत्र में विचरने के सुख जैसा भी।

घर से रेलवे स्टेशन दूर है तो क्या हुआ ? जाना वहाँ भी है, बेशक घर वालों को बताए बिना। क्योंकि माचिस के नए-नए नमूने वहीं मिल सकते थे, यानी उसके आस-पास की दुकानों में, क्योंकि कई तरह के लोग वहाँ आते हैं। शुरूआती बचपन में ऐसी ही एक शाम आप घर वापसी का रास्ता भूल जाते हैं। आप जिस तरफ़ मुड़ते हैं कोई नया ही आदमी दिखाई देता है। जिस गली में जाते हैं नुक्कड़ पर अजनबी कुत्ता भौंककर आपका रास्ता पलट देता है। और तब शुरू होता है भटक जाने का डर। पर जब तक डर शुरू होता तब तक ये भी पता चला कि भटकते-भटकते गुम जाने का एक अलग ही नशा होता

है। एक अंजान भूगोल में आना, उस ख़ास समय में अपनी नागरिकता बदल देने जैसा होता है। आपका हर जुड़ाव छिन्न-भिन्न हो जाता है। एक अनाम खोज का थ्रिल महसूस होता है।

और कितना आकर्षक है अनंत तक के लिए भटक जाने का रूपक! आप गुम जाएँ और हमेशा गुमे रहें। आप भटक जाएँ और हमेशा भटकते रहें। ऐसे ही एक दिन आपके हाथ से पता छूट जाता है और आप सिर्फ़ भटकते रहते हैं। काफ़्का की एक कहानी में हंटर ग्रैकस को ले जाती मृत्यु-नौका अपना रास्ता भटक जाती है और वो सदियों तक जीवित और मृत होने के बीच की स्थिति में, इस किनारे से उस किनारे, पार्थिव पानियों में यात्रा करता रहता है।

भटकन में कितनी ही संभावनाएँ और भी खोजी जा सकती हैं। भटकन में सूखे होठों की प्यास है। भटकन में इन होठों पर फिरती लालसा की जीभ है। अंजान पानियों की यात्राएँ हैं। अज्ञात कंदराओं में गुमशुदगी है और भटकन में लापता हो जाना है ख़ुद में। और ख़ुद का।

लालटेन

एक लालटेन से निकलने वाले प्रकाश में निरंतरता नहीं है। वो सतत् रूप में बाहर नहीं आता, बल्कि उसकी काँच की दीवारों से टूट-टूट कर गिरता है और इस तरह टूटा हुआ टुकड़ा-टुकड़ा प्रकाश लालटेन के गिर्द जमा हो जाता है। उसकी रोशनी में चीज़ों को पहचाना जाना मुश्किल है, वे सिर्फ़ अपने आकार का आभास कराती हैं। लालटेन की रोशनी में जो कुछ हम देखते हैं उसे हम अनुमान के ज़रिये ही जान पाते हैं। वो भी थोड़ा बहुत। उसकी रोशनी चीज़ों के आकार के बारे में ही थोड़े भरोसे के साथ कुछ बता पाती है। ये बड़ी ही हास्यास्पद बात है कि लालटेन का इस्तेमाल अक्सर गाँव की सीमा से दूर भटक चुके बकरी के बच्चे को ढूँढ़ने, पड़ोस के गाँव से आए चोर के पद-चिह्न पहचानने या फिर आगतप्रेमी को उसके गुप्त ठिकाने पर धर दबोचने जैसे बारीक कामों में किया जाता है।

अँधेरे में ऐसे अभियानों को दूर से देखने पर सिर्फ़ लालटेन हवा में तैरती नज़र आती है। और लालटेन की मुर्दा रोशनी उन्हें किसी नतीजे पर नहीं ले जाती। लालटेन वापसी में उनके थके हुए क़दमों को पगडंडी के सहारे घर ज़रूर ले जाती है। यद्यपि इसमें काफ़ी भूमिका उनकी उस रास्ते पर चलने की आदत की होती है। सुबह-शाम, हर रोज़, हमेशा, ताज़िंदगी वे उसी रास्ते पर चलते रहते हैं। रात के वक़्त उनके हाथ में अलबत्ता लालटेन ज़रूर होती है। पर उसके बिना भी वे घर पहुँच सकते हैं। सिर्फ़ एक आदत के तौर पर ही उनके साथ रात को लालटेन भी चलती है। ये कमोबेश एक अनुष्ठान में वांछित किसी वस्तु की तरह होती है। कभी रात को तेज़ हवा में लालटेन बुझ भी जाए तो रास्ते में दल के लोग बिना उसकी परवाह किए चलते रहते हैं। वे जानते हैं कि लालटेन न आग है न रोशनी। असल में आजकल लोग लालटेन को सिर्फ़ रवायत के तौर पर साथ रखते हैं ये मानकर कि पहले भी रात-बिरात काम पड़ने पर लालटेन को साथ रखा जाता था, तो अब क्यों इस रीत को छोड़ा जाय? दीगर बात है कि लालटेन किसी शगुन या शुभंकर के तौर पर साथ नहीं रखी जाती। ये सिर्फ़ किसी क़दीमी परंपरा का हिस्सा है। लोग अब असल ढूँढ़ने का काम टॉर्च के ज़रिये करते हैं। किसी गुलेल की तरह टॉर्च रोशनी को दूर तक फेंकती है और उसी वक़्त किसी के हाथ में लटकती लालटेन निस्पृह-सी लगभग ढीठ भाव में ये सब देखती है।

घर में भी किसी कोने में लटकी लालटेन अँधेरे के विस्तार में कहीं-कहीं उजाले के धब्बे छोड़ती है। इसकी रोशनी चीज़ों की बड़ी-बड़ी छायाएं पैदा करती है। कोई उड़ता कीड़ा अपनी छाया में विशालकाय दैत्य-सा लगता है।

लालटेन की अभिशप्त रोशनी में अँधेरा अधिक स्याह होकर सामने आता है। उसकी लौ की भभक मानो अपनी ही पैदा की गई

चमक को उचक-उचक कर निगलती है। वो रोशनी का मिथ्याभास है। उसकी आड़ में अँधेरे को वाचाल होने का अवसर मिलता है। वो आसानी से अपने छल पर लालटेनी रोशनी की बारीक चादर ओढ़ा देता है। और तब अरसे से धराशायी खंडहर भुतहा लगने लगता है। लालटेन की रोशनी इतनी दूरस्थ है कि उस तक पहुँचने के लिए ठोस अंधकार को भेदना ज़रूरी है। और इतनी निःशक्त कि घर के किसी कोने में टँगी होने पर उसे एक बेचारगी भरा व्यक्तित्व प्रदान करती है। एक स्त्री लालटेन को उठाकर अपने चेहरे के क़रीब लाती है तो लालटेन उसके युवा चेहरे को झुर्रियों से भर देती है।

उसके कांच के गोले के ठीक बाहर अँधेरे का ठंडा बियाबान है।

इसकी रोशनी में भूतों के कई क़िस्सों को वाचाल होने का अवसर मिलता है। कोई लालटेन की रोशनी के भ्रमित करने वाले आलोक में, रात के तीसरे प्रहर किसी ऐसे शख़्स को देखता है जो उसके परिचित, किंतु अब मृत व्यक्ति से मिलता-जुलता है और फिर सुबह वो भूत को देखने का दावा करता है। सब उसकी इस बात की हामी भरते हैं। कोई ये नही कहता कि लालटेन की रोशनी से आदम चेहरे की शिनाख़्त नहीं की जा सकती, वो इसके लायक़ नहीं है। पर ख़ैर, इस व्यक्ति के दावे में सच जो भी है, जैसा भी है उसे लालटेन सीधा और सपाट नहीं रख पाती। उसके अपूर्ण प्रकाश में भूतों के कई कथानक चमकते हैं। उसकी रोशनी का उजाला कई क़िस्सों, बातों और मिथकों को रोशन रखे हुए है। ये और बात है कि इन सबसे बाहर के लोक में इसका आलोक बहुत फीका है। इसके उजाले का इतना उजाड़ होना एक बहुत बड़ी त्रासदी है।

बारिश की नम रात में लालटेन के एकाकीपन को कभी-कभार कोई कीट अपनी प्रदक्षिणा से भंग करता है। उजाड़ उजाले में लालटेन का एकाकीपन डरावना लगता है। वो जहाँ भी रहती है अपने भूगोल

से कटी रहती है। घर की दीवाल पर टँगी लालटेन एक ख़ास तरह के बेतुकेपन की मुद्रा में दिखाई देती है। वहीं आस-पास फिरती छिपकली की तरह जो रात में शिकार के अलावा कई बार बिना हिले-डुले बेमतलब ही चिपकी रहती है। इस बेतुके एकांत में भी लालटेन कई बार अपने विगत के सक्रिय दिनों में झूलती है। कई बार इतनी आत्ममुग्ध कि लगता है वो बिना दियासलाई के ही भभक कर जल उठेगी। वैसे इसके अकेलेपन में कई शेड्स हैं। इसमें विगत के दिनों का चिंतन है। इसमें उम्मीद है। इसमें नाउम्मीदी है और इसमें इन दोनों के बीच उसका दोलन है। वो कई बार सोचती है उस जादुई प्रकाश के बारे में, जो राक्षसों और राजकुमारों के बीच संघर्ष को निर्णायक स्थिति में लाता था। वो जिन्नों के दुनिया को रोशन करता था। वो सब ठीक-ठाक या सब उल्टा-पुल्टा कर देता था।

और कई बार उसके अकेलेपन में सिर्फ़ अकेलापन है। बेतुका। इस एकांत की इतनी अर्थछायाओं में वो दिन में सिर्फ़ दीवार से चिपकी ही रहना चाहती है। बिना कहीं जाए, बिना किसी में झूलते हुए।

रात में वो अपने ही अँधेरे से इतना लड़ती है कि वो दिन उगने का इंतज़ार करती है जिससे कि वो अपने रोशनीनुमा 'कुछ' को तिरोहित कर थोड़ी देर चैन की नींद सो सके।

चारपाई पर बुढ़िया

पहली नज़र में वो सिर्फ़ एक खाट थी। ख़ाली। पर जैसे-जैसे नज़दीक जाना हुआ, पता चला कोई बेहद कृशकाय बूढ़ी भी उस पर लेटी थी। उसका लेटना किसी गृहिणी का थकान से उकता कर किया गया कोई तात्कालिक उपाय नहीं था। वो आराम के लिए नहीं लेटी थी। वो लेटी थी क्योंकि अब हमेशा लेटे ही रहना चाहती थी, क्योंकि खड़े होने की उसकी कूवत ख़त्म हो गई थी। एक समर्पण भाव में वो लेटी थी। उसका लेटना अपने-आप को भरपूर फैलाकर लेटना नहीं था। वो जितना कम हो सकता था, उतने, न्यूनतम संभव वर्ग-माप में लेटी थी। खाट के कुल क्षेत्रफल का भी अल्पांश ही अपने उपयोग में ले रही थी। उसके इस तरह सोए रहने या कहें कि पड़े रहने में उसकी चारपाई के प्रति कृतज्ञता झलकती थी। इसीलिए वो मूँज की बुनाई में बिना कोई अतिरिक्त झोल पैदा किए सोए रहना

चाहती थी। वो सोए ज़रूर रहना चाहती थी पर चारपाई को बिना कोई ख़ास कष्ट दिए। बिना कोई ख़ास वज़न डाले। उसमें अपनी देह का बोझ कहीं देने को लेकर एक संकोच था। इसीलिए खाट की ढीली मूँज में बिना कोई विशेष तनाव उत्पन्न किए वो उस पर लेटी हुई थी। इसमें उसकी क्षीण देह का भी बड़ा योगदान था। बल्कि उसकी देह का लगातार भारमुक्त होना यही दर्शाता था कि वो एक दिन बिना किसी पर बोझ बने सही अर्थों में, संपूर्ण रूप से कृतज्ञता ज्ञापित करना चाहती थी। इस तरह और इसी वजह से उस छोटी-सी खाट पर भी उसकी उपस्थिति अपने आप दर्ज़ नहीं होती थी। उसे चिह्नित करना पड़ता था। अपनी जीर्ण ओढ़नी के अलावा वो सूखे हाड़ की छोटी-सी पोटली भर थी। यद्यपि ये शक बराबर बना रहता था कि फटी ओढ़नी के अलावा अब कुछ भी शेष नहीं है और हवा ही उसके आकार की शक्ल में कहीं टिकी रह गई है। बस, समीप स्थित वातावरण के बारीक बने संतुलन में नोक भर के बिगड़ाव मात्र से सिर्फ़ ओढ़नी ही हाथ रह जानी है। घरवालों का कहना था कि बूढ़ी दादी कई दिनों से अन्न नहीं ले रही हैं। ऐसी कुछ सूचनाएँ संकेतों की तरह काम करती हैं। संकेत कि अब उसकी यात्रा का समापन आसन्न ही है।

एक लंबी यात्रा रही है दादी की। गिनती के लिहाज़ से सात-आठ दशक ही बैठते हैं पर लगता है एक बहुत दीर्घ समय तह होकर इन सात-आठ दशकों में बैठ गया है। और इसे तह-दर-तह, परत-दर-पर खोला जाय तो वो कुछ पीढ़ियों, कई ज़मानों और कई दुनियाओं को ढँके हुए दिखाई देगा। बूढ़ी दादी की पीठ पर इतना सूरज बरसा है कि वो कछुए के खोल की तरह सख़्त हो गई है। उसके पाँवों में चौपायों की तरह लंबी यात्राओं का हुनर बैठ गया है। उसकी लंबी यात्रा किसी यायावर की तरह दुर्गम मार्गों की सुगम यात्रा नहीं थी बल्कि घर के सुगम लगते मार्गों की वस्तुतः दुर्गम यात्रा थी। मौसमों

की मार को उसने चट्टान की तरह झेला है। पर अब जब इस लंबी यात्रा के समपान का अंदेशा है तो उसके शरीर को देखकर लगता है कि उसने अपनी पीठ, हाथ और पाँवों की सख़्ती और ताकत वापस लौटा दी है। जैसे कोई योद्धा लड़ाई के बाद अपने अस्त्र-शस्त्र वापस लौटा दे। वो अपनी ज़िम्मेदारियों से मुक्त होकर वापस एक बच्ची की देह में समा गई है। हाथ-डेढ़-हाथ जितनी, बेशक अपनी लड़ाइयों के सारे निशानों के साथ। सख़्त और खुरदरी देह अब भुरभुरी है जो लगातार रगड़ से घिसकर आधी हो गई है। बल्कि और छोटी हो गई है। चारपाई पर 'हथेली भर दादी' को देखकर लगता है कि ज़िम्मेदारियों का भी अपना आयतन होता है। अब जब उस तरह की ज़िम्मेदारियाँ नहीं है तो शरीर से उनका अतिरिक्त आकार-आयतन भी नहीं है। दादी अपने मूल रूप और आकार में है अब, एक तरह से। पर जब ज़िम्मेदारियाँ थीं और भरपूर थीं तो उन्हीं की वजह से दादी ने तब तो ज़मीन पर अच्छी-ख़ासी या ठीक-ठाक जगह घेरी ही होगी, ख़ासकर तब जब गृहस्थी का गोवर्धन ठीक उसके सर पर था। अब जब वो चारपाई पर है और वो ख़ुद किसी की ज़िम्मेदारी भर है तो उसकी उपस्थिति को ढूँढ़ना भी भारी पड़ रहा है।

बरसों पहले वो जब शादी करके आई थी, ख़ुद वो कहती है कि उसकी शादी को 'जुग भव' बीत गए, तब वो कुछ बर्तन, कपड़े और चाँदी के थोड़े गहने लेकर आई थी। बहुत कम भार था उसके शरीर का और उससे भी कम भार था उस पर गहनों का। सोना न के बराबर था तो उसके दर्प का भार भी नहीं था। थोड़ा-सा भार उसके सर पर पल्लू का ही था। पाँवो में चाँदी के कड़े थे जिनका भार इतना बिल्कुल नहीं था कि वो चाल को बाधित कर सकें। बाद में उसके सर पर घर का भार आ गया। और चाँदी के कड़ों में लोहे की ज़ंजीर लग गई। वो फिर भी चलती रही पर ज़ंजीर ये तय करती रही कि वो घर

में चलती रहे बहुत बाहर तक न जा पाए। उम्र के साथ ज़ंजीर ढीली पड़ती गई पर घर से बाहर के सारे रास्ते वो भूल गई थी।

अपने सक्रिय बुढ़ापे के दिनों में वो दो बार ख़ुश हुई थी। पहली बार तीर्थ से लौटते वक़्त दिल्ली में क़ुतुबमीनार देखकर और दूसरी बार बहरे होते कानों के लिए मशीन पाकर। क़ुतुब मीनार की ऊँचाई उसके लिए अविश्वसनीय जैसी थी। न सिर्फ़ ऊँचाई बल्कि उसका आकार भी। इससे पहले उसने मीनार कभी नहीं देखी थी। कोई भी नहीं। इसलिए क़ुतुबमीनार का आकार उसके लिए कुछ अजीब-सा था। ये न महल-सा था न हवेली-सा। कोई क़िले जैसा भी नहीं था। एक पत्थर की नली जो सीधे आसमान में घुस गई है। उसने अंदाज़ लगाया और ये उसका अपना अंदाज़ था कि हो न हो ये भीम की गदा का पकड़ने वाला हिस्सा है। उसका आगे का फूला हुआ भाग आसमान में है और दिखाई नहीं दे रहा है। और कान की मशीन भी कोई कम अजूबा न थी। उसे इस मशीन से इस तरह आवाज़ें सुनाई देनें लगीं जिस तरह उसने अपनी ज़िंदगी में कभी सुनी न थीं। काफ़ी दूर-दूर की आवाज़ें पास से सुनाई देती थीं। पड़ोसी के घर चलता नल उसे बिल्कुल पास से सुनाई देता था। शुरू-शरू में तो वो घर में ज़ोर से आवाज़ देकर नल बंद करने को कहती फिर उसे अहसास हुआ कि ये पड़ोसी के यहाँ चल रहा है। ऐसा ही सिलाई मशीन के साथ भी होता। हाथ की चक्की चलाने के साथ भी कुछ ऐसा ही होता। दुनिया उसके पास से घटित होना शुरू हो गई थी। और वो बहुत ख़ुश थी। बस इस मशीन की वजह से उससे कान में हर वक़्त सूँ-सूँ बजता रहता था जो उसे अखरता था। बाक़ी ये बड़ी काम की चीज़ साबित हो गई थी। उसके लंबे वैधव्य में ये दोनों ख़ुशियाँ, क़ुतुब-दर्शन और श्रवण-यंत्र-प्राप्ति विशुद्ध और पूर्णतः अमिश्रित थीं। ज़रूर इनका आयतन भी उसके आकार में भराव देता होगा।

पर चारपाई पर बुढ़िया इस संसार से उपार्जित हर चीज़, आकार और आयतन को धीरे-धीरे छोड़ चुकी थी। अब चारपाई पर वो आराम के लिए नहीं लेटी थी, बल्कि उस विराम के लिए लेटी थी जो धरती पर अंतिम शयन से पहले का होता है। जब परंपरा-कथन के अनुसार पाँचों तत्त्व पृथ्वी को लौटाने के बारी आती है। और ये बारी आ गई है। एक हल्की-सी साँस शरीर से निकली और वापस नहीं लौटी। उस उच्छ्वास ने उस हवा को, जो उसके आकार में बँधी थी, बिखेर दिया। हवा की तामीर बिखर गई थी।

अब चारपाई को खड़ा कर दिया गया था। उसकी जीर्ण ओढ़नी धरती पर थी।

चक्कियों से आबाद एक इलाक़ा

उस इलाक़े में आटाचक्कियों की भरमार थी। मुख्य मार्ग पर आटा उड़ाती चक्कियाँ। गली के नुक्कड़ पर चक्कियाँ। गली के अंदर चक्कियाँ। सब तरफ़ चक्कियाँ। पिसाई का दाम दो रुपए प्रति किलो। कभी सोचा नहीं था कि क्या वजह थी उस इलाक़े में असंख्य आटाचक्कियों के होने की? शायद उधर लोग पैक्ड आटा नहीं खाते थे। शायद उनके घर में घरेलू आटाचक्की नहीं थी। शायद वे लोग सिर्फ़ रोटियाँ ही खाते थे। शायद वे लोग सब्ज़ी नहीं खाते थे। या शायद वे लोग रोटी दूध या फिर दही से खाते थे। जो भी हो मुझे इनमें कोई भी कारण विलक्षण प्रतीत नहीं होता था। समाज शायद अन्न प्रधान था। अन्नप्राशन संस्कार से ही वे आटा खाते आ रहे थे। आटे को लेकर उनमें अद्‌भुत पाचन क्षमता थी।

सब्ज़ी का तो कोई इक्का-दुक्का ठेला ही नज़र आता था और वो भी उसे धकेलने वाले की तरह ही उदास, लड़खड़ाता-सा चलता था। बहुत

याद आने पर ही सब्ज़ी वाला अल्युमिनियम के जग से सब्जियों पर छींटे डालता था। शायद कुम्हलाई हरी भाजी में कहीं से रौनक लौट आए। पर रौनक लौटाकर भी क्या करना था? इसलिए वो सब्ज़ियों पर कभी-कभार सिर्फ़ किसी पवित्र अनुष्ठान के लिए ही जैसे पानी छिड़कता था। इलाक़े की गलियों से वो बिना किसी को आवाज़ दिए चक्कर काटता रहता था। गोया किसी प्रेतबाधा से ग्रस्त सब्ज़ी का ठेला किसी अभिशाप के पूरा होने के इंतज़ार में था।

इलाक़ा फ़्लोर मिलों के उड़ते आटे से धूसर बना रहता था। लोगों के सर पर गेहूँ का पाउडर सवार रहता था। गलियों से आटे के पर्दे से गुज़रती, गणवेश में सजी बालिकाएँ साइकिलों पर स्कूल जाती दिखाई देती थीं। इतवार या किसी सार्वजनिक छुट्टी के दिन सीधी और सपाट गलियाँ क्रिकेट की पट्टी में तब्दील हो जातीं। बच्चे उड़ते आटे में सफ़ेद भूत की तरह नज़र आते, यद्यपि वे इससे बेपरवाह क्रिकेट में ही व्यस्त रहते। गली में छुट्टी के दिन आवा-जाही थोड़ी कम रहती पर कुछ लोग तब भी गली पार करते ही थे। ऐसे में बच्चे उदारतापूर्वक अपना खेल रोककर उन्हें निकलने देते और फिर वे अपना खेल खेलने लग जाते। आस-पास की फ्लोर मिलों पर काम करनेवाले लोग गर्म आटे के धुएँ में लिपटे चक्की के आटा उगलने वाले कपड़े को झाड़ते नज़र आते। वे कम बोलते, पर बोलते तो उनके मुँह से भी आटा उड़ता।

ऐसा नहीं है कि इन चक्कियों में सूखे आटे से भरे डिब्बे ही रहते थे। यहाँ मसालों, ख़ासकर सूखी लाल मिर्च की पिसाई भी की जाती है। कुछ के बाहर अनगढ़ अक्षरों में लिखा रहता था कि वहाँ गीली दाल भी पीसी जाती थी। पर चक्कियाँ जानी जाती थीं अन्न की पिसाई के लिए। भागते मोटे कैनवास के बेल्ट और मशीन के पेट में पत्थर की पेषणी अपनी घर्राती चाल में सूखे बीजों को पल भर में पीस कर उड़ा देती। चक्की की भारी आवाज़ भरोसा जगाती थी। जब इसके

उदर में दाने ख़त्म हो जाते तो ये आकुल होकर कुछ अलग ही स्वर पैदा करने लगती। चक्कीवाला तुरंत कोई नया डिब्बा इसमें ख़ाली कर देता। इनके पास खड़े होकर अपने गेहूँ के आटे का इंतज़ार कुछ-कुछ मोहक दृश्य में तब्दील हो जाता। पड़ोस से कोई औरत अपनी ओढ़नी को संभालकर अपने गेहूँ के डिब्बे को चक्कीवाले के पास ले आती। चक्कीवाला उसे उतरवाकर सीधा बड़े-से तराजू में रख देता। और तौल के बाद अपने कान के पीछे से बॉलपेन की रिफिल निकाल कर उसी रिफिल से एक पर्ची पर वज़न लिखकर भद्रा को पकड़ा देता। पीछे पेषणी निर्विकार भाव से गेहूँ के दानों को मसल कर फेंकती रहती। कभी-कभी लगता कि जैसे ही चक्की वाला अपना ध्यान पेषणी के अन्न-पात्र से हटाकर ग्राहक की तरफ़ लगाता तो चक्की और तेज़ रफ़्तार से अपना काम करने लगती। अपनी क्षणिक उपेक्षा का दाह उसके कलेजे को जलाता और वो किसी कुढ़न में अपनी समूची ताकत अन्न पर झोंक देती।

इलाक़े में चक्कियों के चतुर्दिक शोर और वातावरण में हर तरफ़ तैरते पिसे अन्न-कणों के बावजूद वो, आज तीसरा दिन था जब हाथ में पाँच किलो बाजरा लिए पिसवाने के लिए मारा-मारा फिर रहा था। उसे बचपन का एक धुँधला दृश्य याद था जब एक मेहमान ने अपने स्वागत में बनी गेहूँ की रोटी खाने से इसलिए मना कर दिया था कि उसे बाजरे का सोगरा खाए बिना रंजता नहीं था। तब तक बाजरे ने घर की रसोई से अपनी जगह गँवाई नहीं थी। पर संघर्ष तब भी शुरू हो चुका था। रसोई में बाजरे के आटे से भरा टीन का डिब्बा अपने वर्गाकार स्थान के लिए भारी लड़ाई लड़ रहा था। और ये लड़ाई रसोई से बाहर निर्णायक साबित हो चुकी थी। अब तो ख़ैर सिर्फ़ देहात ही बाजरे की अंतिम शरणस्थली रह गए थे। क़स्बे और मारवाड़ के थोड़े बड़े कहे जाने वाले शहर बाजरे को विदाई दे चुके थे। पर यूँ उसके जैसे लोग तो आज भी बहुत थे जो सर्दियों में कुछ दिन बाजरी की

रोटी खाना पसंद करते थे। ये शौकिया लोगों का वो वर्ग था जो बाजरे को एक एग्ज़ोटिक भोज्य पदार्थ की तरह ज़्यादा इस्तेमाल करता था। उनके लिए बाजरा साँस लेने की तरह सहज और ज़रूरी नहीं था।

उसके दोस्त ने गाँव से उसके लिए आठ-दसेक किलो बाजरा भेजा था। बारिश के बाद का पका हुआ। देसी। छोटे-छोटे हरे पीताभ दानों वाला। और उसमें से थोड़ा बचाकर, बाक़ी का एक डिब्बे में लिए तीन दिन हुए वो चक्कियों से आबाद इलाक़े में पिसवाने के लिए फेरी-पर-फेरी दिए जा रहा था। चक्कियों पर बाजरा हर वक़्त नहीं पीसा जाता। जब कई डिब्बे जमा हो जाते तभी चक्की में बाजरा डाला जाता। बाजरा खाना लोगों के लिए शौक था और चक्कियाँ सिर्फ़ शौक पूरा करने के लिए लगाई नहीं जातीं। परसों अमावस थी। पिसवाने के लिए बाजरा ले जाने वाला वो अकेला ही था क्योंकि चक्की वाले ने कहा था, "आज बाजरा कोई नहीं लाया।" उसने अंदाज़ लगाया कि लोग अमावस को शायद बाजरा नहीं पिसवाते होंगे। उसे वापस आना पड़ा। कल फिर वो अपना डिब्बा लिए आटा उड़ाती किसी फ़्लोर मिल पर गया। कोई भी खड़े-खड़े पीसकर देने को तैयार नहीं हुआ। गेहूँ पर बाजरी या बाजरी पर गेहूँ नहीं पीसे जाते। 'शाम को आना', 'अभी डिब्बा रख जाओ', कुछ इस तरह की बातें कही गईं। डिब्बा रख जाना उसे यूँ मंज़ूर नहीं था क्योंकि वो चाहता था, पिसाई उसके सामने हो। क्या पता उसे बाद में जो आटा मिले वो मोटे गोल दानों वाला फीका संकर बाजरा हो! चक्की वालों को वो हमेशा शक की नज़र से देखता था। इस मामले में कि वे आपके अनाज से निकले आटे में से कटौती तो करते ही हैं, कोई दूसरा आटा भी पकड़ा सकते हैं। या दूसरे आटे की मिलावट कर सकते हैं। उसे सिर्फ़ चक्की पर भरोसा था। एक बार घूमना शुरू हो तो फिर सारी ज़िम्मेदारी वो अपने कंधों पर ले लेती थी।

तो आज तीसरा दिन था और वो फिर किसी चक्की पर खड़ा था।

लॉस्ट

हमेशा साथ रहने वाले भाई, बहन, पिताजी, अम्मा और क़रीबी दोस्त। किसी को याद नहीं। ख़ुद उसे भी नहीं कि कहीं एक कमरा है जिसके झरोखे से वो नीचे झाँक सकता है और आते-जाते लोगों को देख सकता है। कमरा लकड़ी के कुछ खंभों से बने मंदिर का हिस्सा है। उस मंदिर की चहारदीवारी के ठीक अंदर एक नाटा केले का झाड़ है जिसमें मूँगफली जितने केले लगे हैं और जो कभी बड़े नहीं होते। मंदिर में कभी-कभी दिखाई दे जाने वाला हरा साँप भी है जो तुरंत ग़ायब हो जाता है। मंदिर से बाहर गाँव की गली है जिसके ख़त्म होने पर एक कीचड़ से भरा तालाब है। तालाब से आगे एक धूल फाँकती सड़क है जो कहीं से आती है और इस जगह से गुज़रकर कहीं चली जाती है। दिन में कोई चार-पाँच बसें यहाँ से होकर जाती हैं।

इक्का-दुक्का सवारियाँ यहाँ से बस में बैठकर कहीं जाती हैं। इन सवारियों के सर पर कोई टोकरी रखी होती है। ये अंदाज़ा है कि गाँव में उगने वाले किसी फल या सब्ज़ी को ये किसी बड़ी जगह बेचने के लिए जाती हैं। लकड़ी के खंभों वाला मंदिर, उसमें एक कमरा, कीचड़वाला तालाब वग़ैरह-वग़ैरह एक पुरानी दृश्यावली का हिस्सा हैं। ये सारा लैंडस्केप उस रील पर अंकित है जो बंद पड़े प्रोजेक्टर के पास धूल खाए ढेर के रूप में पड़ी है। बहुत अरसे से ये प्रोजेक्टर चला नहीं, बहुत अरसे से इस पर धूल खायी ये रील चढ़ी नहीं। इसका प्रिंट भी वक़्त के साथ फीका पड़ गया।

लैंडस्केप जिस गाँव का है उससे उसका नाता पुराना है, बचपन में वो हर छुट्टियों में जाया करता था। घर के बाक़ी लोग भी जाते थे पर उनका लैंडस्केप ठीक-ठीक ऐसा नहीं होगा। उनके लिए मंदिर के बाहर पुराना नल और उस पर मँडराते ततैये गाँव के चित्र में आते थे। वे दूध की डेयरी भी उसमें जोड़ सकते थे। ऐसी ही कई और चीज़ें भी। पर उसके लैंडस्केप में खंभे, साँप, तालाब वग़ैरह थे। बाक़ी किसी को गाँव की पहचान इन चीज़ों से या इस तरह से नहीं थी इसलिए किसी को गाँव 'इस तरह' से याद नहीं था। उसे याद था पर अब ये सब उसकी सक्रिय याददाश्त का हिस्सा नहीं रह गया था।

यादें भी दिमाग़ में चीज़ों की तरह जमा होती हैं और ये ज़रूरी नहीं कि नयी चीज़ के स्मृति में जाते ही उसे आगे ही जगह मिले। कुछ-कुछ बेतरतीब है इसके जमा होने का ढब। इनमें बहुत-सी यादें चीज़ों की तरह ही भंगार होती रहती हैं, वक़्त के साथ। यादों के भंगार में कुछ जंग खाया भंगार तो ऐसा होता है जो हमेशा अ-साझा ही रह जाता है। इसके बावजूद भी ये भंगार बस पड़ा रहता है। बिना इस उम्मीद के कि उसका कभी इस्तेमाल हो पाएगा। कि वो हमेशा बारिशों में ऐसे ही पड़ा सालों तक गलता-कटता नहीं रहेगा। यादों का भंगार

उन क़ायदे की चीज़ों, जिनका इस्तेमाल होता रहता है और स्मृति में जो हमेशा आगे की पाँत में रहती हैं, से हमेशा दीर्घजीवी होता है। बस उसके बारे में लोग भूल जाते हैं। फिर वो बरसों तक अपने गलने का इंतज़ार करता है।

वो पूरा भू-दृश्य, जिसमें लकड़ी के खंभों पर टिका मंदिर, एक कमरा, मूँगफली की साइज़ के केले, हरा साँप और कीच से सना तालाब थे, उसकी याद का हिस्सा था पर कुछ ऐसे, जैसे सिर्फ़ क्लिफ से ही टँगा भर हो और अब कब का कई फीट गहरे खड्ड में गिर चुका हो। रोज़मर्रा के याद रखे जाने वाले कामों का परास धीरे-धीरे इतना बढ़ता गया कि इसने एक दिन मूंगफलीनुमा केलों को क्लिफ से धकेल दिया। इन्हें वापस लाना किसी बेहद गहरे कुएँ से पानी का एक लोटा खींचने जैसा था बल्कि उससे भी मुश्किल। सदियों में एक बार कभी किसी ख़ास नक्षत्र में सूर्य उसके स्मृति-खड्ड में सीधा चमकता, तभी वो लैंडस्केप उसके सामने उद्घाटित हो पाता था। एक ब्रह्मांडीय टॉर्च चाहिए थी। पर जैसे रात में 40 वोल्ट के पीले बल्ब की ओट में बुझते और सुबह बीड़ी के साथ खाँसते किसी क़स्बे के पुराने टीले से फट पड़ता है किसी दिन कोई उससे पुराना उससे बड़ा और वैभवशाली शहर बिना किसी कुदाल या गेती के चले, वैसे ही एक बार उसका अपना पूरा गाँव उसे मिल गया। वही लकड़ी के खंभे, कमरा, मूँगफलीनुमा केले, तालाब, हरा साँप सबकुछ। ये कैसे हुआ इसका ठीक-ठीक पता नहीं। इन दिनों के मेन मार्किट में बने मंदिर के बाहर बिकते फूलों में से कोई ख़ास रंग का फूल दिख गया या किसी चैनल पर दिखा हरा साँप था इसकी वजह, कह नहीं सकते। बरसों पहले देखी किसी फ़िल्म की तरह जिसे दुबारा नयी समझकर देखने बैठे और दो-एक सीन से अचानक पूरी फ़िल्म याद आ गई। और ये तो सिर्फ़ याद आने से बहुत ज़्यादा था! जैसे अपना हारा हुआ, छूटा हुआ इलाक़ा ही मिल गया हो और साथ में वो तमाम चीज़ें भी।

उसे याद आया, उस गाँव के घरों पर इतनी धूल चढ़ी रहती थी कि वे दूर से देखने पर दीमक के मृतिका-दुर्ग नज़र आते थे। मंदिर की लकड़ियों का बड़ा हिस्सा बुरादे के रूप में बुहारा जा चुका था। इसकी चौहद्दी के भीतर अक्सर एक हरा साँप दिखाई देता था जो उसी वक़्त गुम भी हो जाता था। कमरे के झरोखे से नीचे उसे मंदिर में आते छोटे-छोटे लोग दिखते थे। शायद झरोखा काफ़ी ऊँचा था या लोग ही ठिगने थे। केले का नाटा झाड़ नीचे उतरकर देखने से भी नाटा ही नज़र आता था। इसलिए शुबहा था कि लोग भी नीचे उतरकर देखने से ठिगने ही दिखते हों।

वो हुआ करता था कभी यहाँ। पर अब ये जगह उसकी स्मृतियों से परित्यक्त थी। इस तरह कि उसका ज़िक्र भी नहीं था कहीं। पूर्वजन्म में घटी किसी घटना की तरह ही घटी थी ये जगह उसके जीवन में जैसे।

छुटकी का गुल्लक

मेरे मन में पता नहीं क्यों बड़ी उत्सुकता है। तीन सिक्के हैं जिनमें एक बड़ी बिटिया के गुल्लक को मिलेगा, एक मुझे यानी छुटकी के गुल्लक को मिलेगा और एक दोनों में से किसको मिलेगा इसका फ़ैसला टॉस से होगा। यानी मामला सस्पेंस का है। सस्पेंस का खेल अपन को कम ही पसंद है पर क्या करें, हमेशा ऐसा ही होता है। हम दो गुल्लक हैं घर में और सिक्के कभी बराबर नहीं बँटते। असल बात तो ये है न कि जब रेज़गारी घर में बची रह जाती है तभी हमारे पेट को नसीब होती है। और मियाँ छुट्टन यानी छुट्टे पैसे आपस में न तो वज़न में बराबर होते हैं न ही गिनती में। पहले तो ये होता था कि दोनों गुल्लक में बराबर बाँटने के बाद बचा हुआ आख़री सिक्का किसी के भी पेट में डाल दिया जाता था पर उससे भाईसाब, बड़ी गड़बड़ होने

लगी। दोनों बहनें इसी पर झगड़ पड़तीं। जिसके गुल्लक में अतिरिक्त सिक्का गया वो उसे सही ठहराती और दूसरी इस पर रोने लग जाती। बात भी सही है। इसका फ़ैसला किसी तो लॉजिक पे होना चाहिए न? तो टॉस इसका एक तरीक़ा समझा गया और फिर जिसकी क़िस्मत वो सिक्का उसी को मिल जाता। मैं मानता हूँ कि टॉस भी कोई बढ़िया तरीक़ा नहीं है पर क्या करें जब बड़े-बड़े फ़ैसले इसी आधार पर होने लगे हैं तो एक सिक्के के लिए ये क्या बुरा है? तो तीसरे सिक्के के लिए टॉस होने ही वाला है। तीन में से एक तो मुझे मिल गया है और एक भोंदू यानी बड़की के गुल्लक को मिला है। तीसरे का फ़ैसला टॉस पर है। बड़की के गुल्लक को मैं भोंदू ही कहता हूँ। पट्ठा मेरे पास ही बैठता है और ऐसा लगता है जैसे हर वक़्त मुझे ही घूरता रहता है। ऐसे पड़ोसी से तो भगवान बचाए। भोंदू शक्ल से भी भोंदू ही लगता है। शायद उसका नाम उसकी शक्ल पर ही रखा गया होगा। उसका सर और पेट दोनों बड़े हैं। पेट तो अपन का भी थोड़ा फूला हुआ है पर सर बराबर साइज़ का है। जितना होना चाहिए उतना। जबकि भोंदू का बड़ा सर उसके बड़े बड़े कान और फूले हुए गालों के कारण बड़ा दिखता है। भगवान ने उसके पेट में ही जगह दी है जिससे वो पैसे जमा कर सके। बुद्धि के लिए उसमें कोई खाना नहीं बनाया है। पर भोंदू अपने बड़े पेट में ही ख़ुश है। उसे तो पैसे भरने की जगह चाहिए। अब उसे कौन समझाए कि पैसे भरने के लिए जगह के साथ अक़्ल भी चाहिए होती है। ख़ैर, तो ये हुआ टॉस और ओफ़्फ़! टेल आया यानी सिक्का भोंदू के पेट में जाएगा। अक्सर क़िस्मत भी बेवक़ूफ़ों का साथ देती है।

चलिए निराश होने से काम नहीं चलेगा। ये तो चलता रहता है। थोड़ा परिचय कर लेते हैं। मैं छुटकी का गुल्लक हूँ। घर में कुछ महीनों पहले ही आया हूँ। कह सकते हैं कि नया मेहमान हूँ, जल्द ही

सदस्य भी बन जाऊँगा। मैं तो यही मानता हूँ कि मैं भोंदू से ज़्यादा क्यूट हूँ। मेरी आँखें बड़ी-बड़ी हैं और मेरी नाक पर एक काला-सा उभार है। मेरा निकनेम जीजो है। इसी नाम से छुटकी मुझे बुलाती है। मुझे भी ये नाम पसंद है। मेरा पेट पैदाइशी थोड़ा बड़ा है। मुझे सिक्कों की खनक बहुत अच्छी लगती है। और जब सिक्का मेरे पेट में जाता है तो मुझे बड़ी गुदगुदी होती है। जी नहीं, कोई चाँदी का सिक्का नहीं, कोई सोने का सिक्का नहीं अपन तो चलन में जो सिक्के हैं, एक रुपये, पाँच रुपए वग़ैरह के, उसी में ख़ुश हैं। वो लुढ़ककर जिस तरह अंदर गिरते हैं सच मानिए, बड़ा मजा आता है। छन-छनाकर वे दूसरे सिक्कों के ढेर में शामिल हो जाते है। कई बार जब मुझे हिलाया जाता है, ये देखने के लिए कि कितने सिक्के जमा हो गए हैं, तब उससे गुदगुदी का जो ज्वार आता है उससे हँस-हँस कर पेट में बल पड़ जाते हैं। भारतीय मुद्रा के नोट के लिए भी अपनी तरफ़ से मनाही नहीं है पर हमारा मुद्रा-प्रवेश सिक्कों के लिए ज़्यादा सुविधाजनक है। क्या कहा? सरनेम? कुछ नहीं बस जीजो। सिर्फ़ जीजो। यही काफ़ी है। वैसे मैं समझ गया हूँ, आप शायद मुझे तिजोरी के कुल का समझ रहे हैं और इसकी पुष्टि करने के लिए सरनेम वग़ैरह पूछ रहे हैं पर मैं आपको बता दूँ कि तिजोरी या उसके कुल-कुटुंब से मेरा दूर-दूर का भी वास्ता नहीं है। मैं तो सिक्कों में ही ख़ुश हो जाता हूँ और तिजोरी 1000-1000 के नोटों से भी ख़ुश नहीं होती। बल्कि वो तो कभी संतुष्ट नहीं होती। उसकी भूख उसके पेट से कई गुना ज़्यादा बड़ी है। वो सिर्फ़ नोटों से शांत नहीं होती। उसमें कुछ भी डाल दो, कुछ भी रख दो वो डकार नहीं लेती। आप ख़ुद याद कीजिये। उसमें क्या नहीं रखा जाता? उसमें गिरवी का माल रखा जाता है, किसी और की गाढ़ी कमाई रखी जाती है। उसमें किसी और के आँसू भी होते हैं। और मैं सिर्फ़ ख़ुशियाँ गिनकर रखता हूँ। मेरा ठिकाना तो बच्चों के पास होता है और तिजोरी सेठ साहूकारों के पास रहती है। अपन जैसे सिक्के में

ही ख़ुश हैं वैसे ही सिक्का भी अपन से ही ख़ुश है। सिक्का जानता है कि स्विस बैंकों के लॉकर्स, जगत सेठों की तिजोरियों और बड़ी-बड़ी दान पेटियों में वो बेआवाज़ ही दफ़्न हो जाता है और गुल्लक में वो ख़ुशियाँ बनकर खनकता रहता है।

तिज़ोरियों और बड़े-बड़े ख़ज़ानों से भाईसाब, मेरा दूर का भी रिश्ता नहीं है। मेरे पीछे या मुझे लेकर आज तक कोई लड़ाई हुई? और तिज़ोरी के चक्कर में कितने राजे-महाराजे बर्बाद हुए हैं, कोई गिनती है? चलिए छोड़िए।

आज मैं उदास हूँ। छुटकी का बर्थडे आने वाला है। उसकी फरमाइश साइकिल की है और मैं जानता हूँ कि मैं उसकी ये फरमाइश पूरी नहीं कर पाऊँगा। ठीक है उसके मम्मी-पापा साइकिल ज़रूर दिलवा देंगे पर मैं पिछले छः महीनों से सिक्के फिर किसलिए जमा कर रहा हूँ? छः महीनों में मैं साइकल तक नहीं पहुँच पाया हूँ पर आप तक ज़रूर पहुँच गया हूँ। मैं अपनी बात आपसे कहकर बड़ा ख़ुश हूँ। पर भोंदू ख़ुश नहीं है। वो मुझे देखकर कभी ख़ुश नहीं होता। चलो आज न सही कभी तो ये मेरी दोस्ती स्वीकार करेगा। अभी तो ये मुझे फिर से घूरने लग गया है। अभी मजा चखाता हूँ।

एक यात्रा की उड़ती धूल

चलती रेलगाड़ी का जनरल कोच।

इस जगह के रेलवे प्लेटफॉर्म पर बिकती सब्ज़ियों और तली हुई पूड़ियों की गंध इतनी भारी और ठोस थी कि रेल के डिब्बे में वो टँग गई थी। अगर किसी को वहाँ से उठकर टॉयलेट भी जाना हो तो गंध के उस दलदल में से कुछ जद्दोजहद करके ही निकला जा सकता था। प्लेटफॉर्म पर जितनी भी स्टॉल्स थीं, सब पर सब्ज़ी पूड़ी ही बिक रही थी। यहाँ यही बिकता आया है। ट्रेन ने जैसे ही इस स्टेशन पर अपने को रोका, एक बेहद ताकतवर तैलीय गंध ने डिब्बों की खिड़कियों से अंदर धावा बोल दिया। पर इस आक्रमण का स्वागत था। सवारियाँ जिन्हें और आगे जाना था वे हड़बड़ी में उतरीं और पूड़ी सब्ज़ी थामें वापस चढ़ गईं। पूड़ियाँ अख़बार के

टुकड़ों में लिपटी थीं और सब्ज़ी पत्तों के बने दोनों में। अहर्निश तले जाने से गाढ़े और झागदार हो चुके तेल में, जिसकी गंधमात्र ही वज़नी हो, तली गई पूड़ियों और फिर तेल की ही एक इंच परतवाली तीखी सब्ज़ी से जन्मों की भूख मिटती थी।

जब तक प्लेटफॉर्म आया नहीं था, जहाँ ठेलों पर पूड़ियों के ढेर और सब्जियों के देग रखे थे, तब तक सब प्रतीक्षा में थे। जो चुप थे, वे भी पूड़ी-सब्ज़ी के इंतज़ार में थे, जो मुखर थे वे भी पूड़ी-सब्ज़ी की प्रतीक्षा ही कर रहे थे। गप्प लगाने वाले भी कनखियों से देख रहे थे कि अब स्टेशन कितना दूर हो सकता है। प्रतीक्षा समय को खींच कर लंबा कर देती है। कुछ यात्रियों को लग रहा था कि रेलगाड़ी एक्सप्रेस से लोकल हो गई है। कुछ को लग रहा था ये धीमी चल रही है। कुछ इंजन में ख़राबी आ जाने का शुबहा कर रहे थे और कुछ तो और आगे जाकर सोच रहे थे कि कहीं ट्रेन पीछे तो नहीं चल रही। कोई भी अपने घर के स्टेशन के इंतज़ार में नहीं था। कम-से-कम फ़िलवक़्त। सब अगले प्लेटफॉर्म की सब्ज़ी-पूड़ी के इंतज़ार में थे।

रेल के सफ़र में कुछ स्टेशन किसी-न-किसी वजह से ख़ास होते हैं। कोई अपने रसगुल्लों के लिए फेमस होता है, कोई लस्सी के लिए, कोई रबड़ी के लिए, तो कोई मालपुओं के लिए। ये वाला स्टेशन, जिसका इंतज़ार इतना बेसब्री से हो रहा था, ख़ास तरह की गरिष्ठ सब्ज़ी पूड़ी के लिए जाना जाता था। तीखी, तेल में डूबी सब्ज़ी और खस्ता पूड़ियाँ। सब्ज़ी में ख़ूब सारा तेल और लालमिर्च का बघार न हो तो इस इलाक़े के लोगों को रंजता नहीं था। तेल और लालमिर्च साक्षात् आग का नुस्ख़ा थे। ज़बान पर मिर्च का संपर्कमात्र ही लपट लगाने को काफ़ी था। इस मिर्चिया खेल में आदमी और तेज़, और ज़्यादा निगलने को प्रेरित होता था। ये बड़ा दाहक और सम्मोहक था। बस, उस वक़्त खाते हुए आदमी से आप और कुछ नहीं करवा सकते

थे। उसका पूरा ध्यान अपने कौर पर लगा होता था। मिर्च और तेल अपना काम करते रहते, आदमी और ईंधन डालता रहता। वैसे भी भूखा आदमी खाते वक़्त सहानुभूति का पात्र लगता है और इस तरह की तेज़ मिर्च वाली आग्नेय सब्ज़ी हो तो आँसुओं में भीगी आँखों के साथ आहार में जुटा भूखा दयनीय लगने लगता है।

ये दुश्चक्र बड़ी मुश्किल से टूटता था। इसे तोड़ने का कोई तार्किक तरीक़ा नहीं था। ये चक्र यूँ ही किसी तरह टूट जाता। इंजन की तेज़ सीटी या डिब्बे में बाहर की आँधी से अचानक घुस आई धूल। कोई ऐसी ही वजह होती इस ट्रांस के टूटने की।

बहुप्रतीक्षित स्टेशन आए हुए कुछ मिनट हो चुके थे। ट्रेन अभी प्लेटफॉर्म पर ही थी। और डिब्बे में इस समय सब भकोस रहे थे। जिन्हें भूख लगी थे वे तो लाज़मी तौर पर, बाक़ी जिन्हें भूख नहीं थी वे भी। जो कुछ देर पहले तक चुप थे वे अब भी चुपचाप ही खा रहे थे पर जो कुछ देर पहले तक डिब्बे में किसी जीवंत बहस में सक्रिय थे वे भी चुपचाप खा रहे थे। वे लोग जो डिब्बे में बैठने की जगह के लिए झगड़ रहे थे वे भी युद्ध-विराम कर यही कर रहे थे। ये सब इस कदर लयात्मक था कि कोई भी प्रेक्षक ये देख सकता था कि सबके हाथ एक रिदम में पूड़ी पर गिर रहे थे और कौर सहित लगभग एक साथ ही सारे हाथ मुँह की तरफ़ आ रहे थे। ये चुपचाप भोजन का कार्यक्रम इतना एक-सरीखा था कि जैसे सब इसका ही इंतज़ार कर रहे थे। इस एकसार दृश्य ने डिब्बे की विविधता का जैसे हरण कर लिया था। अब जो दृश्य था वो बड़े ही उबाऊ तरीक़े से एकांगी दृश्य में तब्दील हो चुका था। जिसे देखो वो चुप था, जबकि मुँह चल रहा था। असल में मुँह इसलिए चल रहा था क्योंकि जबड़ा गतिशील था। हिलते होंठ बोलने के लिए नहीं हिल रहे थे बल्कि वे अनिच्छा में जबड़े के मूवमेंट्स के साथ चलित थे। जो सज्जन ब्रीफ़केस थामे थे

वे इस समय अपनी इस पेटिका को ही डाइनिंग टेबल बनाए थे। वे इसमें भी काफ़ी ख़ुश थे। एक औरत अपने हाथ भर के घूँघट में अपने निजी स्पेस की रक्षा करते हुए पूड़ी-सब्ज़ी में जुटी थी। टॉयलेट के पास बैठा भिखारी भी रिरियाने के व्यावसायिक कारनामे को स्थगित कर गदगद भाव से खा रहा था। अद्‌भुत सामंजस्य के साथ ये सब घट रहा था। किसी ऑर्केस्ट्रा की तरह सब कुछ नियमित आवृत्ति में घटता हुआ। कुछ ही मिनट का यहाँ स्टॉप था। गाड़ी प्लेटफॉर्म के शेड से पटरियों तक लटकी इस वज़नी गंध को पीछे छोड़ती हुई चल चुकी थी। कुछ ही देर में गाड़ी ने प्लेटफॉर्म को काफ़ी पीछे छोड़ दिया था। बाहर की ताज़ा हवा की हलकी गंध डिब्बे में धीरे-धीरे पहले से ही मौजूद भोजन की गंध में घुलने लगी थी। और इसी बीच किसी वजह से, शायद रेलगाड़ी की लंबी सीटी से, डिब्बे में चल रहे भोज में लय-भंग हुआ। किसी एक ने डकार ली। दूसरे को भी याद आया कि कुछ ज़्यादा ही हो गया है। घूँघट में युवती भी नाक सुड़कने लगी। डिब्बे में हल्के से बातचीत का दौर फिर शुरू हुआ। पहले तो ऐसा लगा जैसे कान में कुछ कहा जा रहा है, पर फिर किसी के भीमकाय ठहाके ने तेज़ आवाज़ों में बात किए जाने का ऐलान किया। लोग बातों में मशगूल होने लगे। कई लोग अब भी चुप रहने वाले थे और कई बोलना शुरू करने से पहले तैयार हो जाना चाहते थे। वे लोग ज़र्दा-चूना घिस रहे थे। घिसने की ये प्रक्रिया कई सारे सूक्ष्म चरण लिए थी। इसे तय भी ऐसे ही किया जा रहा था जैसे परम तत्व 'फाँकना' तक पहुँचने के लिए पहले के दैवीय विधि-विधान पूरे किए जा रहे थे। थाप दे देकर चूने को उड़ाया जा रहा था। ऐसा कई बार किया गया। बीच-बीच में ज़र्दे में मौजूद सख़्त टुकड़ों को चुन कर निकाला गया। चूना जितना आत्मसात हो सकता था उतना रखकर उसके आलावा बाक़ी को थपकियों से उड़ा दिया गया। किसी भी बहस के लिए हाथ आज़माने से पहले ज़र्दे को होंठ में दबाना कईयों

के लिए एक अनिवार्य पूर्व पीठिका था। सिर्फ़ उन लोगों के अलावा जो अगले आने वाले स्टेशन पर उतरने वाले थे, बाक़ी लोग डिब्बे में बिना किसी हड़बड़ी के सफ़र तय करने लगे।

आने वाले स्टेशन पर गाड़ी रुकने से पहले पटरियों को खरोंचती चली गई। जो खड़े थे वे अपना जड़त्व संतुलित करने में लग गए। गाड़ी कुछ ही पलों में एक और प्लेटफ़ॉर्म पर खड़ी थी। क्या यहाँ भी कुछ ख़ास परोसा जाता है? पता नहीं। कुछ तो होगा ही। फिर कुछ ऐसे यात्री भी यहाँ उतर गए थे जो ट्रेन की सीटी से पहले वापस चढ़ जाने वाले थे। वे ठेलों पर पड़ी चीज़ों को उत्सुकता से देखने लगे थे।

किसी एक यात्री ने प्लेटफॉर्म पर खड़े एक ठेले वाले से आख़िर पूछ ही लिया–

"यहाँ क्या ख़ास मिलता है, भाईसाब?"

दो बहनें

बड़ी बहन का स्वप्न

उसके सपने में है एक बड़ा घर। ये घर अक्सर उसके सपनों में आता है। सफ़ेद दीवारों से बना घर। आँख की पुतलियों के व्यस्ततम समय में, जब वो सपनों की जटिल भूल-भुलैया में होती है तब हर बार वो बनाती है ये बड़ा-सा घर। या सपनों की मैट्रिक्स में हर बार खड़ा हो जाता है ये घर। हर बार वो अलग तरह के सपनों में होती है तब भी एक तरफ़ ये घर ज़रूर निर्मित होकर सामने आ जाता है उसके। और हर अलग पृष्ठभूमि में भी इस घर की अनिवार्य उपस्थिति रहती है। सपनों की बनती-बिगड़ती दुनिया में ये घर एक स्थाई रचना की तरह साथ रहता है। वो सपनों में जंगल, चारागाहों, राजमार्गों और पहाड़ की टेकरियों पर या फिर और कहीं भी हो सकती है पर ये घर किसी अमिट धब्बे की तरह उसके साथ आता है। हो सकता है वो चाहती हो इस तरह का घर, पर उसकी इच्छाओं की वजह से ही ये घर उसके सपनों का अनिवार्य हिस्सा नहीं है बल्कि उसकी उपस्थिति इतनी शत-प्रतिशत है कि अगर वो न भी चाहती इसे,

तब भी वो ज़रूर उसके सपनों में दाख़िल हो जाता और उसके साथ चलता रहता।

ये घर नींद से लेकर जागने तक की दुनिया में उसका पीछा करता रहता है। नींद और जाग की दो दुनियाओं के बीच भी बहुत कुछ होता है। आँख का खुलना और बंद होना क्रमशः सिर्फ़ 'जागे' और 'सोए' में देखना नहीं है। पलकों की हर एक झपक जैसे इन दो स्थितियों के बीच की कई स्थितियों से होकर पूरी होती है। एक स्लो मोशन कैमरे से खींची गई चित्रावली में शायद इस एक झपक के बीच की कई खिड़कियों का क्रमवार खुलना और बंद होना दिखाई दे सकता है। और हमारे सामने बीच के कई वैकल्पिक विश्व क्रमवार सामने आ जाते हैं।

पर सफ़ेद दीवारों वाला घर हर बनते-बिगड़ते भूगोल में रहा है, बिल्कुल एक जैसा। जागने के बाद घर के कामों के अलावा बच जाने वाले कम ही उपलब्ध, चिल्लर समय में भी उसे वो घर ज़रूर दिखाई देता है। शुरू-शुरू में उसे इस घर से बड़ा लगाव था पर बाद में उसकी खीझ पैदा करने वाली अनिवार्य उपस्थिति ने उसे इसके प्रति तटस्थ-सा कर दिया। वो ये सोचकर कई बार उकता जाती है कि सपनों में भी इस सफ़ेद घर से वो ज़्यादा दूर नहीं हो सकती। पर हाँ, एक सुविधा है जो उसे सपनों में हासिल है। वो इस घर के आस-पास का भू-दृश्य ख़ुद चुनती है। चुनकर हटाती है, कुछ नया रखती है, फिर हटाती है। जैसे इस बार उसके सपने में लॉन की आरामकुर्सी पर दादी बैठी है। बरसों पुराना अख़बार उसके हाथ में है। वो अख़बार इस सहजता से उसके हाथ में है कि जैसे वो हमेशा वही पुराना अख़बार पकड़े रहती है। पुराना अख़बार हाथ में होने का कारण कुछ भी हो सकता है। जैसे कुछ भी पढ़ना। जैसे घटनाओं की दुनिया से बाहर आ जाना और अख़बार को किसी क़िस्से की किताब की तरह पढ़ना या फिर अख़बार की ओट में छुप सकने की सहूलियत

मिलना। कोई सोचेगा कि अख़बार पढ़ रही है या ज़्यादा-से-ज़्यादा ये कि इससे चेहरे पर पड़ती धूप से बचाव हो रहा है।

दादी की आँखों पर एक विशाल फ्रेम वाला नज़र का चश्मा है। उसके अपेक्षाकृत छोटे चेहरे को उस फ्रेम ने इस क़दर ढँक लिया है कि उसका चेहरा एक कांच की दीवार से ढका दिखने लग गया है। दिखने में उसका चेहरा इतना निश्चेष्ट है कि सोचना ज़रा मुश्किल है कि वो सो रही है या अख़बार पढ़ रही है।

एक अदेखा पक्षी पास में खड़े पेड़ पर बैठा है। वो अकेला विदूषक की तरह हरकतें कर रहा है जिससे पता चलता है कि ये सब एक थिर चित्रमात्र नहीं है। वो कभी अपने पंखों को पूरे विस्तार में फैला रहा है या कभी अपनी गर्दन को 360 अंश पर घुमा रहा है। शायद इस पूरे परिवेश की नीरसता ने उसे ऐसा करने पर मजबूर कर दिया है।

बड़ी बहन के इस स्वप्न में वो स्वयं एक भारी लिबास में चल रही है। इस बेहद भव्य, भव्यतम लिबास को ज़मीन पर घिसटने से बचाने के लिए छोटी बहन निचले किनारे से उसे उठाए साथ-साथ चल रही है। छोटी बहन कम समय के लिए ही पर एक महत्वपूर्ण भूमिका में है। जागने की दुनिया में वो हमेशा अपनी इस छोटी बहन के पीछे भागती रहती है। और वो उसे हर बार छकाकर कुछ देर के लिए गुम हो जाती है। छोटी बहन के पीछे भाग-भाग कर वो कई बार थक जाती है और सपने में इस भारी परिधान में तमाम ऐश्वर्य का प्रदर्शन करती वो अपने लिए आराम चुनती है। परिधान का भार उसे कम-से-कम महसूस हो इसलिए वो अपनी छोटी बहन को किनारे से उठाए रखने की भूमिका में चुनती है।

छोटी बहन का स्वप्न

छोटी बहन के सपनों में रंगों को लेकर अजीब-सा उत्साह है। उसके सपनों में चटख रंग बिखरे रहते हैं। मटमैले, धूसर रंगों से उसे ख़ास

चिढ़ है। चिढ़ तो उसे ख़ैर रोज़ होने वाले रोज़मर्रापन से भी है। इसीलिए शायद उसके सपनों में चाँद ग़ायब है और उसकी जगह कोई चमकीला नीला आकाशीय पिंड आकाश के वितान में लटका रहता है। ऊपर टँके हुए सितारे अपनी मद्धिम टिमटिम से राख न गिराकर स्वर्णिम आभा से दिप-दिप किया करते हैं। लगता है ये भूलोक न होकर कोई और ही दुनिया है। गहरे चमकीले रंगों से बनी दुनिया। नीचे की धूल भी मटिया रंग के बजाय कहीं बैंगनी तो कहीं गुलाबी है। धरती जैसे गुलाल से पटी पड़ी है। लोहा यहाँ ज़ंग नहीं खाता। सोना फीका नहीं पड़ता, चाँदी काली नहीं पड़ती। रंग एक-दूसरे में परावर्तित होकर एक नए ही रंग की झाईं पैदा करते हैं। काफ़ी कुछ जादुई है उसके सपनों की दुनिया में।

वो ऊँचे-ऊँचे टावर्स से रूई के फाहों की तरह धीरे-धीरे नीचे आती है। गुरुत्वाकर्षण के नियम में भी उसके लिए कुछ छूट है। यहाँ तक कि वो घर की दीवारों से भी आराम से गुज़र सकती है। उसमें से होकर। माँ, दादी भी ऐसा कर सकती हैं। ये नहीं कहा जा सकता कि उसके सपनों की जादुई दुनिया में सभी जादू कर सकते हैं। ख़ुद उसकी बड़ी बहन ही इस तरह की शक्तियों को हमेशा इस्तेमाल नहीं कर पाती है। एक दिन जब बड़ी बहन भी उसके पीछे दीवार में से होकर गुज़रने लगी तो उसका सर टकराकर रह गया। उसके लिए दीवार एकदम पत्थर की हो गई। दीवार के पार निकली छोटी अपनी बड़ी बहन को देखकर हँसने लगी और कहा कि तुम हमेशा थोड़े ही ऐसा कर सकती हो। मैं जब अपना मैजिक वॉन्ड घुमाती हूँ तभी ऐसा होता है। 'ये लो' कह कर उसने अपना मैजिक वॉन्ड बड़ी बहन पर घुमाया और कहा 'अब तुम दीवार में से होकर जा सकती हो।'

कुछ इस तरह से आते है दोनों बहनों के सपने। वे दोनों सपने भले ही अलग अलग देखती हैं पर इनमें भी वे बहनें ही हुआ करती हैं।

सब वैसा ही है, तक़रीबन

इस लीचड़ कीचड़ मौसम में फंगस की गुलाबी कंटीली झाड़ियाँ उसके शरीर में जगह-जगह उग आई थीं। ऊपर से भगवान ने हर इंसान की तरह उसे भी नाख़ून बख़्शे थे। उसके शरीर में जगह-जगह फंगस के बीजाणु जमा हो गए थे जिनके महीन दाँत उसके शरीर को उद्वेलित किए जा रहे थे। वो हिंसक होकर उन पर हमला बोलता पर उसका परिणाम ख़ुद उसके शरीर के लहुलुहान होने से ही होता। निष्कर्ष ये था कि फंगस का सामना नाख़ूनों से नहीं किया जा सकता था। जो भी हो मानसून में इतना परेशान वो शायद पहली बार हुआ था। आबो-हवा में इतनी नमी का वो आदी नहीं था। इस बार के मानसून ने हवा को काफ़ी बोझिल और आर्द्र बना दिया था। उसका शरीर तमाम मल्हमों और लोशनों की प्रयोगशाला बन कर रह गया था। या अगर ज़्यादा सटीक तरीक़े से कहें तो उसका शरीर तमाम प्रयोगशालाओं के निशाने पर था। एक गिनीपिग होकर वो कतई ख़ुश नहीं था। कुल जमा बात ये थी कि वो तनाव में था, वो चिंतित था पर उसकी चिंता

का ख़ास तौर से कारण, या कहें कि एकमात्र कारण ये मौसम हरगिज़ नहीं था। वो जानता था कि करारी धूप से भरा एक दिन उसके शरीर में सक्रिय फंगस के स्पोर्स को झुलसा देगा। एक गर्म और सूखा दिन कवक के बीजाणुओं को उसके शरीर से झाड़ देगा। तो फिर क्या वजह थी उसके चिंतित होने की? या फिर से सटीक होकर कहें तो क्या 'कारणों का समुच्चय' था उसके चिंतित होने का?

उसकी चिंता की शुरुआत उसके ख़ुद को आईने में देखने से हुई थी। उसे कुछ पहचान में नहीं आया। काफ़ी ग़ौर से उसने आईने में पहचान में न आने वाले 'ख़ुद' को देखा। आँख के नीचे काले घेरे उसे किसी तालाब के झुलसकर काले पड़ चुके कगार लग रहे थे। तुरंत उसे किसी ज़ॉम्बी फ़िल्म में देखी गई मुर्दे की आँखें याद आई। ऐसे ही काले घेरों में क़ैद दीप्तिहीन आँखें। और तो और उसकी भौंहें भी बड़ी बेतरतीब नज़र आ रही थीं। नाक में से बाल बाहर निकले थे। उसे व्यक्तिगत तौर पर नाक से बाल बाहर आना नापसंद था, सनक की हद तक नापसंद। वो और लोगों में ये चीज़ ख़ास नोटिस करता था और इस एक वजह से उन्हें इंसान के तौर पर खारिज़ कर देता था। अब ख़ुद उसके नाक से बाहर झाँकते बालों से उसे ख़ुद से नफ़रत होने लगी। कितना अरसा हो गया था उसे नाक के बाल ट्रिम किए हुए! कोरियन ट्रिमर कैंची बड़े वक़्त से कहीं टँगी रह गई थी। बाल कान पर भी किसी झाड़ी की तरह खड़े हो गए थे। उसे रोज़ाना शेव बनाने में ही कोफ़्त होने लगी थी तो कान के बालों का क्या किया जा सकता था। दाढ़ी तक तो उसका हाथ पहुँच जाता था पर कान के बाल कतरना एक ऐसा हुनर का काम था जिसे मुश्किल से अर्जित किया जा सकता था। कुल जमा ये कि उसका हुलिया बहुत बेतरतीब हो गया था। कुछ और लक्षण भी थे जिन पर वो नए परिप्रेक्ष्य में ग़ौर कर रहा था। सुबह के पहले कुछ क़दम इतने निश्चल होते गए थे कि जैसे बिस्तर से न निकलकर क़ब्र की नम और सीली मिट्टी से बड़ी जद्दोजहद से

निकल रहे हों। खाट के दो पाये हो गए थे उसके पाँव। आँखें सुबह के रंग देर से सोख पा रही थीं। किसी ख़राब टीवी की तरह जिसमें पहले चित्र श्वेत-श्याम दिखते हों फिर धीरे-धीरे उनमें रंग आते हों। स्क्रीन पर बहुत लकीरें जो ख़राब या पुराने प्रिंट की फ़िल्मों की याद दिलाती हों। उसे भी ये संदेह कई बार होता था कि उसकी आँख सबकुछ 'लाइव' देख रही हैं या किसी पुराने प्रसंग की रिकॉर्डिंग चलते हुए देख रही हैं। कानों में देर तक सन्नाटे गूँजते थे और ज़माने का शोर धीरे-धीरे उनमें भर पाता था। वो एक ख़ामोश दुनिया से धीरे-धीरे कोलाहल की दुनिया में दाख़िल होता था। हालाँकि उसे लगता था कि सुबह एक मूक दुनिया जागती है जो दिन चढ़ते वाचाल होती जाती है। खोट उसके सिस्टम में थी या इस दुनिया का यंत्र ख़राब हो गया था ऐसा द्वंद्व भी उसके मन में होता रहता था पर अंततः वो इसी नतीजे पर पहुँचता कि ख़राबी उसके अंदर आ गई थी।

नहीं, ये उम्र बढ़ने के लक्षण नहीं थे। मतलब इन्हें एकदम उम्र बढ़ने के साथ जोड़ना काफ़ी सरलीकृत पाठ होगा। चालीस के पेटे में ये सब कहाँ होता है ? हो सकता है इस उम्र में ये सब शुरू होता हो पर वो और तरह के बदलाव भी अपने भीतर नोटिस कर रहा था जिनका उम्रदराज़ होने से सीधा संबंध नहीं था। ऑफ़िस में अटेंडेंट को बेवजह बुलाना और कभी-कभी उसे देखकर कहना 'सावधान!' अपने सहकर्मियों को अपनी तरफ़ से ऐसे घरेलू नाम देना जो छोटे बच्चों को दिए जाते हैं। जैसे अमर को अम्मू, अजय को अज्जू वग़ैरह-वग़ैरह। और फिर उन लोगों को देखकर हास्यास्पद अंदाज़ में, एक लय के साथ बुलाना। या फिर उनके नामों को बेवजह लंबा खींचकर बोलना। पत्नी की गर्दन चूमते समय आज कल वो कभी-कभार हँसोड़ की तरह मुस्कुरा देता था। बेशक उस समय वो नहीं देख पाती थी उसे ऐसा करते। वो तो अपने हिस्से की गंभीरता में पूरी गंभीर होती थी।

पागल वो हरगिज़ नहीं हुआ जा रहा था। घर के हिसाब में इससे

काइयाँ वो पहले कभी नहीं हुआ करता था। दूधवाले की अनुपस्थिति घर के वैद्यनाथ पंचांग में मजबूती से वो ठोक देता था। अख़बार वाला उसके हिसाब को फ़ाइनल मानता था। पिताजी की दवाओं का हिसाब वो विलक्षण दक्षता से करने लगा था। स्कूल की टैक्सी, बिजली-पानी का बिल सबकुछ चाक-चौबंद था। सब्ज़ी, किराना आदि ज़रूरियात की चीज़ें ख़रीदने में वो दुकानदार को मुनाफ़ा कमाने के ज़्यादा अवसर नहीं देता था, कम-से-कम उसका ऐसा मानना था। सब्ज़ी वाले के ठेले से एकाध ककड़ी मौके पर ही वो चबा जाता था। इस तरह घर के एक सदस्य की सलाद की ज़रूरतों में वो कटौती कर पाता था। फ्रूट वाले के यहाँ से एकाध केला, कुछ जामुन, बेर या कोई ऋतुफल ख़रीदते वक़्त ही पेट को समर्पित कर वो पोषण के चार्ट में अपने अंक मुफ़्त ही बढ़ा देता था। बाज़ार से चीज़ें घर के दरवाज़े तक लाने में उसकी निपुणता देखने लायक़ थी। उसे चीज़ें लाने के लिए घर से बड़ा थैला बाज़ार ले जाने की ज़रूरत कभी महसूस नहीं हुई। वो उपलब्ध जेबों में चीज़ें ठूँस देता था। वो शर्ट के अंदर, पीठ पर लादकर, गोद में उठाकर, सर पर रखकर हर तरह से चीज़ें घर ले आने का अभ्यस्त था। हाथ की दसों उँगलियों में वो दस कैरी बैग उठाकर ले आता था। दीगर दुनियावी मामलों की बात की जाए तो उनमें भी वो पीछे नहीं था। वो सत्रह तरह के लोन का निर्वाह पूरी सावधानी से कर रहा था। जानता था कि एक भी किश्त चूकने का मतलब है, पार्टी फेल! हिसाब में महारत के लिए उसने वैदिक गणित के लैसन शुरू कर दिए थे। जल्द ही हालत ये थी कि बही खाते के पीले पन्नों से वो ड्राइंग बुक की तरह खेलने लग गया था।

फिर मसला क्या था? "कुछ भी नहीं।" उसने तसल्लीबख़्श अंदाज़ में सोचा फिर मुस्कुरा कर कैंची हाथ में ली और सधे हाथों से मूँछों को सँवारने लगा। पत्नी शायद पहली बार उसके इस तरह मुस्कराने पर बोली- " इसमें इतना हँसने की क्या बात है?"

लिस्ट

सबसे क्षीण यहाँ आँधियों की स्मृतियाँ हैं। कितनी अब तक आईं और गईं। सबसे तेज़ कौन-सी थी कुछ याद नहीं। और सबसे प्रगाढ़ बारिश की। बीस साल पहले हुई बारिश में क़स्बे का तालाब पूरा भरा था। ये अब तक इस तरह याद है जैसे कल की ही बात हो और ये भी याद है कि उसके बाद इतनी ज़ोर की बारिश कभी नहीं आई। हाँ, पर अभी कुछ दिन पहले रात बादलों के दबाव और दाह से छूटी तो इतनी भीगी कि अगली सुबह एकदम ताज़ा फूल की तरह निकली। ये गज़ब की सुबह थी। ताज़गी से भरी। इतनी ताज़ा सुबह हो तो उसमें कुछ ऐसे बारीक इशारे होते हैं जिनसे कोई भी ये सोच उठता है कि कोई जलसा है आज समूची धरती पर। और उस जलसे में सिर्फ़ हम ही शामिल नहीं हैं बल्कि गायें, कुत्ते, तितलियाँ और चिड़ियाँ भी आमंत्रित होती हैं।

तो कुछ इसी वाली एक सुबह में एक झिंझोडती हुई आवाज़ ने मुझे जगाया। ये कोई चिड़िया थी जो पिछले साल भी इन्हीं दिनों में सुनाई दी थी। मैं पूछना चाहता था अपनी माँ से कि ये किस चिड़िया की आवाज़ है? कहीं ये वो तो नहीं थी जिसे माऊ(दादी) ने एक कहानी में बताया था कि एक चिड़िया ऐसी है जो अपने जीवन में सिर्फ़ एक बार, वो भी बारिश में ही, पानी पीती है। दादी ने बात-बात में ही बताया था कि ऐसी 'चिकी' का अस्तित्व है और ख़ुद उसने, सिर्फ़ एक बार, अपने बचपन में उसे देखा था। मैं ख़ुद आज भी आश्वस्त नहीं हूँ कि ये दादी का पानी को लेकर उपजा हैलुसिनेशन था या कोई सच। रेगिस्तान में इस तरह की कई बातें पानी के इर्द-गिर्द कही जाती रही हैं। यहाँ मृगतृष्णा में पानी दिखाई देता है और ख़ुद पानी एक मृगतृष्णा रहा है। इसका चरित्र इतना मायावी रहा है कि इस पर भरोसा करना मुश्किल माना गया है। पानी पर निर्भरता कैसे कम की जाय इसपर एक गहरी, घनी इच्छा यहाँ के आदमी में रही है और इस तरह के क़िस्से जिनमें ऐसी काल्पनिक चिड़िया का अस्तित्व हो जो ज़िंदगी में सिर्फ़ एक बार, वो भी सिर्फ़ बारिश में पानी पीती हो, कुछ इसी तरह की सघन इच्छा की अभिव्यक्ति है। अब दादी का इस तरह की चिड़िया को ख़ुद देखना कहीं पानी के ख़िलाफ़ उनकी लड़ाई से उपजी हताशा ही लगती है जिसे वो अपने पोते-पोतियों के सामने न सिर्फ़ छुपाना चाहती है बल्कि उसे पूरी तरह उलट कर अपनी जीत की तरह बताना चाहती है। ख़ैर, ऐसे क़िस्से बहुत प्रचलित हैं और आज तक इनमें से कई के बारे में पूरी तरह आश्वस्त नहीं हुआ जा सकता। पर मूल प्रश्न तो ये है कि मुझे सुबह-सुबह जिस चिड़िया ने जगाया था वो चिड़िया कौन-सी है? कौन बता सकता है? अब दादी रही नहीं पिछले दस साल से। और माँ गाँव जा चुकी है। पत्नी मेरे जितनी ही समझदार है। फिर कौन मुझे बता सकता है? फ़िलहाल इसका जवाब कोई नहीं दे सकता पर इसे मैं छोड़ भी तो नहीं सकता।

इसे मैं बकाया कामों की लिस्ट में डाल देता हूँ। बकाया कामों की लिस्ट में ये वाला काम कोई ऊपर से पहले-दूसरे या तीसरे नंबर पर हो ऐसा नहीं है बल्कि सालों से इस लिस्ट में काम जमा ही हो रहे हैं। रोज़ के कामों को छोड़ दें तो इस लिस्ट में आने के बाद काम का लगभग काम तमाम ही हो जाता रहा है। तो ख़ैर, यूँ मेरे कामों की लिस्ट में एक काम और बढ़ गया है।

पास की पटरियों से शहर की सुबह के कोलाहल में कुछ अलग जोड़ती जैसलमेर की ट्रेन आ चुकी है। जिसकी द्रुत लय में अपने रुदन के विलंबित से बेमेल जुगलबंदी बिठाते हैं मोहल्ले के कुत्ते। और हमेशा की तरह इनका सर ऊँचा कर रोना मेरा ध्यान ट्रेन की तरफ़ मोड़ता है। वैसे ही जैसे ये ट्रेन मोहल्ले के कुत्तों की तरफ़ मेरा ध्यान ले जाती है। जैसलमेर में मित्र को एक ज़रूरी बात के लिए कॉल करना था और ये बात कई दिनों से सुबह-सुबह इस ट्रेन के बहाने ही याद आती है। पर फ़िलहाल ध्यान सिर्फ़ इस रोचक तथ्य पर ही गया था कि पड़ोस के कुत्तों का इस ट्रेन की आवाज़ की प्रतिक्रिया में उपजा विलाप 'जिनेटिक' है। क्योंकि इन दस सालों में कुत्तों की तीसरी पीढ़ी भी यही कर रही है। शायद अपने किसी पूर्वज की आह से उपजा है ये करुण-गान।

दिन में ग्यारह बजे के आस-पास घर से निकलता हूँ। दफ़्तर की छुट्टी है, पर काम की नहीं। अक्सर काम एक सीमित भूगोल में ही पड़ता है। घर से एक-डेढ़ किलोमीटर का भूगोल। बरसों-बरस शहर के अंदर एक तंग दायरे में ही चक्कर निकलते हैं। और शहर के दूसरे हिस्सों में कभी जाना पड़े तो वे सब कोई दूसरे ही, अनजान शहरों की तरह सामने आते हैं। उन हिस्सों के बाशिंदे किसी का पता पूछने पर आपसे मारवाड़ी के बजाय हिंदी में बात करते हैं। ये बेहद औपचारिक, कामचलाऊ अस्थाई संपर्क साधने जितना होता है। ख़ैर,

मैं आज ऐसे ही दूर बसे हिस्से में किसी काम से आया हूँ। और बाइक पर किसी टूरिस्ट की तरह शहर के इस भाग को देखता हूँ। अपनी याद में गहरे धँसकर कोई चित्र इस जगह का बरामद करता हूँ तो पाता हूँ एकाध हेरिटेज बिल्डिंग को छोड़कर यहाँ कुछ भी जाना-पहचाना नहीं रह गया है। पर कुछ लोग, पुराने दोस्त ज़रूर यहीं आस-पास रहते हैं जिनसे मिलना सालों से टलता रहा है। वैसे ही जैसे सालों से वे भी मुझसे मिलना टालते रहे हैं।

दोपहर बाद शहर के एक कोने के आकाश में हवाई जहाज़ की इतनी नज़दीक गड़गड़ाहट से याद आता है कि एअरपोर्ट के पास ही रहता है वो दोस्त जो सालों से मिला नहीं है। फ़ोन, मोबाइल, स्काइप कहीं बात नहीं हुई उससे हाल के कुछ अरसे में। मैं बाइक रोक देता हूँ पर घुमा नहीं पाता क्योंकि मेरे रोज़ के काम अभी बहुत बाक़ी हैं और दिन आधा निकल चुका है। मैं कुछ यूँ मन को समझाता हूँ कि कितनी बार वो आया है मेरे घर? भले ही इन दिनों मेरी उसे बहुत बुलाने की इच्छा भी नहीं रह गई है पर वो तो आ सकता है। कम-से-कम किसी बहाने याद तो कर सकता है। हो सकता है कुछ ऐसे ही सवाल उसके मन में भी उठते हों, शायद ऐसे ही विचार उसके मन में भी आते हों। मैं बाइक फिर आगे बढ़ा देता हूँ पर वो लगातार जैसे कान में चिल्लाता रहता है कि 'हूँ तो तेरा दोस्त आख़िर! रुक जा, आज तो कम-से-कम घर आजा। इतना पास आ के भी बिना मिले जा रहा है?'

वो चिल्लाता रहता है, मुसल्सल चिल्लाता रहता है, याचना करता है। मेरी बाइक अब भागने लगती है और वो रफ़्तार के आगे हार जाता है।

शाम को किसी ने कहा कि अजमेर में बारिश ज़ोरदार हुई है तो जैसे धमाका हुआ। बिल्कुल पास। तँवर जी को उनकी बेटी की शादी

पर बधाई देनी थी। कार्ड आए पंद्रह दिन हो चुके थे और औपचारिक बात ये बिल्कुल नहीं थी। वे हमारे पड़ोसी रहे हैं। कुछ साल पहले मुझे तेज़ बुख़ार हुआ था और वो उतरने का नाम ही नहीं ले रहा था तब भाभीजी ने राइ–लूण (टोटका) करके बुरी नज़र वाले को ललकारा था। मैंने बधाई का फोन करने की सोची तभी ख़याल आया कि अभी नेटवर्क गड़बड चल रहा है और बात शायद हो नहीं पाएगी। कल कर लूँगा फोन। दे दूँगा बधाई। बिलेटेड।

ओह! यूँ रोज़ के कामों की 'टू डू' लिस्ट में इन सबको जोड़ नहीं पाता। और इन्हें किसी दूसरी लिस्ट में जोड़ता हूँ। एक और लिस्ट जो हल्दी धनिया लाने के अलावा कामों के लिए बना रखी है। या फिर आलस कर इन्हें किसी बहाने से याद आने के लिए छोड़ देता हूँ। पर बहुत याद से, सावधानी के साथ हल्दी धनिया की 'टू डू' लिस्ट अपने सेलफोन के नीचे रख देता हूँ। बाहर निकलने से पहले मोबाइल लेना ज़रूर याद रहता है। पर्स से भी ज़्यादा। क्योंकि उधार देने के लिए दुनिया मरी जा रही है। उगाही का काम अब का.फ़ी प्रोफेशनल जो हो गया है। हाईटेक। जानते हैं वे कि निकलवा लेंगे पैसा।

तुमने मुझे कहा

बहुत धीरे से लड़की ने उसके कान में जो कहा था वो 'आई डू' या 'कबूल है' जैसी अर्थ-चेतना वाला नहीं था। सिर्फ़ लड़के के प्रेम-प्रस्ताव का प्राप्ति-स्वीकार था। एक चिट्ठी के सही जगह पहुँचने की सूचना। पर किसी चिट्ठी या संदेश के सही जगह पहुँच जाने की सूचना अपने-आप में एकाधिक अर्थ लिए हो सकती है। एक तो पत्र ले जाने वाला डाकिया कहे कि पत्र सही ठिकाने पर पहुँच गया है और एक ख़ुद संदेशग्राहक इसकी सूचना दे, जबकि पावती की सूचना देने के अन्य और अधिक सहज माध्यम उपलब्ध हों। संदेश पाने वाला बड़ी उत्सुकता से और जल्दबाज़ होकर ख़ुद कहे कि मुझे तुम्हारा मेसेज मिल गया है। तो तय है कि वो ख़ुद इसीलिए आकर कह रहा है कि उसे इस संदेश के गुप्त रहने की पवित्रता में भी रूचि है।

लड़की ने ठीक-ठीक उसे धीरे से जो कहा था वो लड़के के प्रणय निवेदन पर उसकी ऊहापोह को व्यक्त करता था। वो सा.फ़-सा.फ़ 'हाँ' के बजाय संभव हो सकने वाले 'हाँ' से पहले थोड़ा समय माँगने जैसा था। और इसमें लड़की की झिझक और संकोच बहुत स्वाभाविक थे और उसके भाव थे कुछ ऐसे कि उसे जल्द ही उसका प्रेम स्वीकार हो सकता है। लड़की के कहे शब्दों में कोई वादा नहीं था कि इसपर आगे विचार होगा या नहीं। बस कुछ छिटपुट संकेत थे। सब जानते हैं कि प्रेम में भाषा का दर्ज़ा इशारों से दोयम है। और इशारे इतने थे जिनसे लड़का अपनी उम्मीद जिलाए रख सकता था। और इसीलिए लड़की ने जो उसे कहा वो भाषा के रोज़मर्रा प्रयोग के लिहाज़ से नाका.फ़ी होते हुए भी इशारों से पर्याप्त लदा था। इतना उस लड़के के लिए का.फ़ी था और वो इतने से ही ख़ुश था। बेहद ख़ुश। उसने दुबारा कभी लड़की से पूछा नहीं था कि उसका प्रस्ताव मिला या नहीं। लड़की ख़ुद चलकर उसके पास आई थी कहने कि मुझे तुम्हारा प्रस्ताव मिला है। कई दिनों बाद। अचानक। अनपेक्षित ही। इसलिए सि.र्फ़ इतना कहना कि 'तुमने मुझे कुछ कहा है' कुछ अतिरिक्त ध्वनित करता था। किसी संभावित स्वीकारोक्ति से पहले जैसे उसके लिए साहस संचित हो रहा हो। छूटने से पहले दबी हुई स्प्रिंग का भराव। और फिर कान में धीरे से कहना ये भी इंगित करता था कि ये सब भले ही शुरूआती दौर में है पर तब भी बेहद निजी है, ख़ास है। लड़की ने अपनी बात कहने के लिए किसी और माध्यम का सहारा तो नहीं ही लिया था। बीच के भौतिक अंतराल को भी न्यूनतम रखा था। जैसे इस डर से कि कहीं ज़्यादा स्पेस हुआ होता तो उसमे ट्रेवल करने पर शब्दों के मूल अर्थ कहीं बदल न जाएँ। उनका रूप और रंगत बदल न जाय। वे अंतराल की यात्रा में कहीं ऐंठ न जाएँ। बीच में ही। और कान में फुसफुसा कर उसने शब्दों के साथ अपनी साँस का एक अंश भी तो रख लिया था। बीच की दुनिया के हस्तक्षेप

को ख़त्म करते हुए।

लड़के ने पहले-पहल जब लड़की को भेजा था 'प्रेम' तो उसमें नाउम्मीदी भले ही नहीं थी पर किसी फ़ौरी अंजाम की आस भी नहीं थी उसे। एक सुदूर भविष्य के लिए छोड़े गए संदेश जितना धैर्य था उसमें। जैसे किसी ने रेडियो संकेत भेजा हो प्रकाशवर्षों के फ़ासले तय करने के लिए। बोतल में चिट्ठी डालकर फेंक दी हो समंदर में। इनमें लगता है जैसे संदेश भेजने वाला बहुत उत्सुक नहीं है कि पाती जिसे संबोधित है उसे मिल भी जाय कभी। पर संदेश भेजने वाले का उत्साह और धीरज उसे दीर्घ समय के पार भी झाँकने का अवसर देता है और इस तरह वो एकालाप में खोए किसी ख़ब्ती की तरह नहीं रह जाता। समंदर के बराबर धैर्य लिए बैठा रहा वो और एक दिन उसे जवाब मिल ही गया। ख़ुद लड़की की ओर से। उसके बिल्कुल पास आकर। उसके सोचे से बहुत जल्द। वही प्राप्ति की सूचना भर जितना था जवाब कि 'मिला तुम्हारा संदेश'। इस पावती में शब्द बहुत थोड़े थे और संकेत उनसे कुछ ज़्यादा थे। उसको लगा कि ये सब आपस में मिलकर एक नयी भाषा बना रहे हैं। लगातार समृद्ध होती भाषा जो उसके साथ संवाद कर उसे उसके प्रेम को लेकर लगातार आश्वस्त करती जा रही थी।

लौटते समय वो ख़ुद को इतना मालामाल महसूस कर रहा था कि उसने भिखारी को पाँच का सिक्का उपहार में दिया। साथ ही इतना हल्का भी कि एक कटी हुई पतंग को लूटने के लिए कई छतें लाँघता रहा। इतना हरा कि एक सहोदर की तरह पेड़ से लिपट गया। और इतना संतुष्ट कि ढाबे के बाहर पड़ी खाट पर सीधे लेटकर अख़बार पढ़ने लगा।

बरसों से जमकर ठस हो चुके अवसाद में जैसे ऊष्मा की नोक-सी लगी थी। उसके मस्तिष्क में प्रेम एक प्रक्रिया की तरह शुरू

हो गया था। न जाने कितने रसायनों ने भीतर अपना प्रवाह तेज़ कर दिया था। उसकी आत्मा को इन रसों ने मादकता की चादर बनकर लपेट दिया था। कुछ ऐसा ही तब भी हुआ था जब लड़के ने लड़की को पहली बार देखा था। वैसे तो लड़के या लड़की में किसी को भी पहली बार देखना कोई नयी बात नहीं है और इसमें कई बार कुछ ख़ास नहीं होता है, पता ही नहीं चलता कि किसी ने किसी को पहली बार देखा है। पर जब इस 'पहली बार' देखे जाने में कुछ होने लगा है तब शायद दोनों एक-दूसरे को एक साथ ही पहली बार देख रहे होते हैं। यहाँ भी लड़के ने पहली बार इस लड़की को देखा और रसायन जलप्रपात की तरह गिरने-बहने लगे तो शर्तिया उसी वक़्त लड़की ने भी उसे पहली बार देखा होगा। जब बेहद झीना, सूक्ष्म कुछ परस्पर होता है तभी पहली नज़र का प्यार घटता है।

अब इसका दूसरा चरण था और प्रेम होने के बाद इसके स्थिर होने की उम्मीद उसे दिखी थी चाहे फ़िलहाल भाषाई दृष्टि से ये जवाब बहुत निरपेक्ष और उदासीन था। वो इतने मात्र से ही भीतर से, बाहर से बदलने लग गया। कोई जैसे उसे अपने ढंग से अनुकूलित करने लगा था। आने वाले की किसी पूर्व सूचना के रहते हम अक्सर घर में बहुत कुछ बदलने लगते हैं। उसे भी बदलाव से गुज़ारा जा रहा था। उसे ख़ुद अपना यूँ बदलना अच्छा लग रहा था। ये सब रिफ्ले-क्सेज़ के अधीन हो रहा था। उसके नियंत्रण से बाहर। हमारे आदिम पूर्वजों को भी ऐसी ही किन्हीं स्थितियों से गुज़रना पड़ा होगा। उसके जींस में उनके मनोभावों और इच्छाओं के छोड़े गए संकेत यहाँ मार्गदर्शन कर रहे थे।

एक तनाव भरे रोमांच की तलाश में

ठीक वो क्षण, जब बिच्छू अपना डंक शिकार में घोंपने ही वाला हो, या कोई बेस जंपर किसी ऊँची इमारत से कूदने के लिए अंतिम रूप से तैयार हो, जब प्राचीन यूनान में हजारों की भीड़ के मध्य एक ग्लेडिएटर बस अपना निर्णायक वार करने ही वाला हो या फिर घात लगाए बैठा प्रेइंग मेंटिस शिकार पर झपटने से ठीक पहले की परम एकाग्रता में हो, चरम उत्तेजना से भरा होता है। जब क्या घटने वाला है ये तय हो चुका हो और उसे टाला जाना संभव नहीं हो। ये कुछ करने के संकल्प से बाद की स्थिति है। संकल्प में निर्णय टालने की गुंजाइश रहती है पर वो अंतिम स्थिति जब निर्णय टाला नहीं जा सकता और कर्ता पूरी तरह निर्णय लेकर निवृत्त हो चुका होता है और शरीर बस चोट करने वाला ही हो, बस वही समय। ठीक वही समय। कुछ घटने से

ठीक पहले का पल। जब एड्रीनलीन मिश्रित रक्त के तीव्र प्रवाह की घड़ी में शरीर मादक तरीक़े से ऐंठता है।

और ऐसी ही उत्तेजना पास खड़ा दर्शक भी महसूस करता है। यूनानी योद्धा को देखती भीड़ अपने शरीर को भी उस लड़ाके के उन्माद के बराबर ले आती है। बेस जम्पर की छलांग को देखता दर्शक ख़ुद को भी एक पाताल में गिरता महसूस करता है। शरीर उसका भी इस उत्तेजना और डर से ऐंठने लगता है।

ऐसी ही ऐंठन की तलब लिए वो इंटरसिटी ट्रेन के बैठक कम्पार्टमेंट में अपने प्रिय लेखक का जासूसी उपन्यास लिए बैठा था। कल शाम ही बुक स्टाल से ख़रीदा था ये नया उपन्यास। रात को 'कलर्स' पर 'ख़तरों के खिलाड़ी' देखते-देखते उसे लगा कि उसके शरीर में नक़ली उत्तेजना-भर का अहसास ही आ पाया है। तिलचट्टों और टेरेनटूला मकड़ियों से उसे उबकाई होने लगी और समंदर के नीले पानी में प्रतियोगियों की छलाँगें किसी पूल में ख़राब डाइव को देखने से ज़्यादा सुख नहीं दे पाईं। बार-बार उसका ध्यान सुंदरियों के शरीर सौष्ठव पर जा रहा था। "चैनल बदलो" उसके दिमाग़ ने हुक्म दिया और वो किसी न्यूज़ चैनल पर अटक गया। यहाँ एक अनसुलझे हत्याकांड पर महीनों बाद आए नए मोड़ पर उत्तेजना से भरा एंकर कुछ बता रहा था। बता क्या बल्कि चिल्ला रहा था। उत्तेजना में चिल्लाना ज़रूरी नहीं है पर अगर उत्तेजना सृजित हो तो उसमें चिल्लाना उसे और ताकतवर बनता है। ये सोचना सही था या नहीं कह नहीं सकते पर ट्रेंड कुछ ऐसा ही था। अनसुलझे हत्याकांड वाली ख़बर उसे कुछ प्रभावी लगी थी अपने अब तक के अन्यथा बोरियत भरे दिन में। "हाँ, ये ठीक है" और वो घंटों उसी एक ही ख़बर के रीसाइकल्ड संस्करण देखता देखता सो गया।

सुबह जल्दी वो अपने प्रिय लेखक के नए जासूसी उपन्यास के साथ इंटरसिटी में था। जयपुर तक का सफ़र पाँच घंटों से ज़्यादा

का था और उसके हाथ में मोटे कलेवर का उपन्यास था। मुख्य पात्र इंस्पेक्टर विनोद शर्लक होम्स का अवतारी था। कोई भी मर्डर मिस्ट्री उसके चमत्कारी हाथों में आकर हमेशा के लिए मिस्ट्री नहीं रह सकती थी। पता नहीं कौन देश से आया था इंस्पेक्टर विनोद! नाम तो भारतीय लगता था। क़त्ल के केस को क्रॉस वर्ड पज़ल की तरह हल कर देता था। कई बार तो बस चुटकियों में। पुलिस महकमे में ये आम धारणा थी कि किसी हत्याकांड की जाँच का ज़िम्मा इंस्पेक्टर विनोद के पास आ जाए तो हत्यारा पनाह ढूँढ़ता था, जो उसे कहीं मिलने वाली नहीं थी।

पर ख़ैर, असली मजा अंत में 'कातिल कौन?' का जवाब मिलने में था। पूरे नॉवल में कहानी हिचकोले खाती रोलरकोस्टर राइड का मजा देती थी। संभावित क़ातिल किसी मरहले पर ख़ुद मक़तूल बन जाता था। और आख़िर में अविश्वसनीय रूप से हत्यारा वही होता जो पूरी किताब में एक विनम्र किरदार की भूमिका में अक्सर हाशिये पर बैठा होता।

हत्यारे का खुलासा एक झटका देता था पाठक को। जैसे कोई मज़ेदार चॉकलेट ख़त्म होने से ठीक पहले ज़बान पर हल्का-सा विस्फोट कर दे और पूरा मुँह एक गुदगुदी से भर जाए।

उसने इंटरसिटी के रवाना होते ही उपन्यास के कवर नज़र डाली। ख़ून के पूल में एक युवती की लाश, जिसके सीने में ख़ंजर धँसा था। उसकी आँखे फटी हुई थीं। ऊपर शीर्षक ड्रैकुला फॉन्ट्स में था। कोने में 'नवीनतम उपन्यास' विशेष तरीक़े से उभारा गया था। लेखक का नाम कवरचित्र के नीचे बड़े-बड़े अक्षरों में लिखा था। पीछे के कवर पर लेखक का चित्र था जिसमें वो काला चश्मा पहने बड़ी रहस्यमयी मुस्कान के साथ पाठक को देखता था। लगता ऐसा था जैसे या तो असल में वही मर्डर मिस्ट्री सुलझाने वाला इंस्पेक्टर

था या मेन विलन।

उपन्यास के स्पर्शमात्र से उसके हाथों में हल्की झनझनाहट-सी होने लगी थी। एक शानदार, 'अश्योर्ड' मिस्ट्री उसके हाथों में थी। उसने पिछले कवर पर लेखक के फोटोग्राफ को चूम लिया। ये उसका प्रिय उपन्यासकार था। सिर्फ़ वो ही नहीं कई और भी उसके दीवाने थे या रह चुके थे। हालाँकि टीवी के ज़रिये निरंतर लाइव छवियों की बमबारी ने इस तरह के शौक-ऐब के लिए वक़्त और स्पेस काफ़ी कम कर दिया था पर वो कुछ पुरानी पीढ़ी का था। और ख़ास बात ये थी कि उसे उत्तेजना की डोज़ चाहिए थी।

पटरियों पर लुढ़कते लोहे के पहिये लगभग नियमित लय की खटर-पटर के साथ लक्ष्य का फ़ासला तय कर रहे थे। खिड़की से बाहर उसने नज़र डाली, एक अजीब-सी शांति में परिदृश्य ठिठुरा हुआ था। एकमात्र गाड़ी ही जीवन की लय में बज रही थी।

उपन्यास में एक युवती की हत्या हो चुकी थी। इंस्पेक्टर विनोद घटना स्थल पर आ चुका था।

"सर, मामला हत्या का लगता है"। कांस्टेबल बीरबल ने युवती की खून से सनी लाश देखकर कहा।

"हूँ!" इंस्पेक्टर विनोद का दिमाग़ तेजी से पैरामीटर्स लोड कर रहा रहा। उसकी पेशानी पर इस वक़्त गहरी सलवटें पड़ रही थीं जो इसी तरफ़ इशारा कर रही थीं। ऐसे पात्रों की स्टीरियो टाइप छवि के मुताबिक ही उसने सिगरेट को विशेष अंदाज़ में सुलगाया और आवश्यक निर्देश देने लग गया।

ट्रेन किसी स्टेशन पर रुक गई थी। रोज़ाना के कम्यूटर्स का रेला ट्रेन में वेग के साथ दाख़िल हुआ। उसकी नज़र उपन्यास से हटकर सामने बैठे एक यात्री पर रुक गई। खुरदरे चेहरे वाला ये शख़्स उसे

ठीक नहीं मालूम हुआ। पता नहीं क्यों वो उपन्यास में हुई हत्या के लिए उसे ज़िम्मेदार मानने लग गया। मध्यम क़द के उस आदमी के चौड़े कंधे इस काम के लिए ही बने हो सकते हैं, उसने सोचा। उसके हाथ ठोस, लोहे की मानिंद थे। हथेलियाँ एक ऐसा ट्रैप थीं जिनमें शिकार आ जाय तो सिर्फ़ प्राण ही मुक्त हो सकते थे। हथेलियों पर नाख़ून बाघनख की तरह चीरने का काम करने के लिए बने थे। 'वो एक डिजाइनर हत्यारा है', उसने सोचा। वो उसकी तरफ़ देखने लगा। वो उसमें कुछ और ख़ासियतें ढूँढ़ने लगा जो एक हत्यारे में हो सकती हैं। उसका ध्यान चेहरे पर ही बार-बार जा रहा था। कुछ ऐसा हुआ कि उनकी नज़रें मिल गईं। नज़रें मिलते ही उस खुरदरे चेहरे वाले ने एक औपचारिक मुस्कान उसकी तरफ़ बढ़ा दी और बोला-

"यहाँ चाय अच्छी मिलती है, आप लेंगे?"

"नहीं शुक्रिया"। वो इस दोस्ताना रवैये के लिए तैयार नहीं था। झेंप गया।

अब उसकी नज़र सामने खिड़की के पास बैठी एक लड़की पर गई। लड़की कोई पत्रिका पढ़ रही थी। उसका ध्यान फिर से उपन्यास में लग गया। मृतका के पति की भी हत्या हो गई थी। उसी पर युवती की हत्या का शक सबसे ज़्यादा था। जयपुर अभी थोड़ा दूर था। उसका प्रिय लेखक फिर रोमांच लुटा रहा था। हत्यारे का सस्पेंस अभी बना हुआ था। वो किताब में गड़-सा गया। इस बीच ट्रेन के डिब्बे में एक अधेड़ आदमी को दिल का दौरा पड़ गया। डिब्बे में गहमा-गहमी बढ़ गई। लोग तरह-तरह की सलाहें दे रहे थे। कुछ लोग अधेड़ को प्राथमिक उपचार देने में लग गए। यात्रियों में कोई डॉक्टर है या नहीं इस पर पूछताछ होने लगी। पर उसके रोमांच का सफ़र अभी ख़त्म नहीं हुआ था। वो डिब्बे में मची अफरा-तफरी से अनजान बना रहा।

प्रासाद

इस इमारत को उसने इस सीध में कभी नहीं देखा था। ऐसा भी नहीं था कि उसने इसे इससे पहले देखा ही न हो बल्कि कई बार देखा था, ऐसा उसकी स्मृति में था पर उसकी स्मृति में इसे देखने भर का ही भार था, इसके समूचे व्यक्तित्व का वज़न उसकी याददाश्त पर कभी नहीं आया था। आज जब उसने इस इमारत को एकदम सीध में, नज़र के एकदम सामने देखा तो ये एक भारी पिंड की तरह उस पर आ गई। जैसे उसे देखने भर की ही देर थी कि वो ऊपर सवार हो गई। इसी ताक में थी जैसे वो। उसका दम घुटने लगा। पर जल्द ही वो सामान्य हो गया और इस इमारत को अपने सामने देखने का अभ्यस्त हो गया।

ये कोई हेरिटेज हवेली थी जिसे अब एक होटल में तब्दील कर दिया गया था। धूप और

बारिश का असर इसके पत्थरों पर था यद्यपि होटल में परिवर्तित किए जाने से इसे एक नया नवेला 'लुक' मिल गया था। इसके गवाक्षों में बैठी किसी रानी की आकुलता एक परछाईं की तरह इस इमारत के साथ लगी महसूस होती थी। यह सिर्फ़ अंदाज़ के तौर पर महज इसके पुराने शिल्प को देखकर किसी पुरातन क़िस्से से इसे जुड़ा हुआ महसूस होने की वजह से नहीं लगता था, बल्कि कुछ 'हौन्टिंग-सा' था इस इमारत में जिसे इस सीध में देखते ही महसूस किया जा सकता था।

इस वक़्त वो एक मॉल के मुख्य द्वार की सीढ़ियों पर बैठा था। इस जगह से ही ये इमारत उसकी नज़रों के एकदम सामने थी। शाम का वक़्त और छुट्टी का दिन, तो काफ़ी लोग आ जा रहे थे। कुछ दक्षिण भारतीय महिलाएँ अपने कभी न सफ़ेद होने वाले, घने काले, कुंचित केशों के साथ अंदर जा रही थीं। अपने गाँवों से बहुत दूर परदेस में आईं ये स्त्रियाँ यहाँ की धूप में भी आश्वस्त थीं कि उनके बालों का गहरा रंग फीका नहीं होगा। ज़ाहिर तौर पर तो वे अपनी केशराशि को लेकर बेपरवाह लग रही थीं पर उनकी चाल में जो दर्प था वो अपनी केश-संपदा की समृद्धि के सतत् बोध से ही आया हो सकता था। बाक़ी औरतों में अधिकांश तीस पार स्त्रियाँ राजपूती पहनावे में थीं जो उस परिदृश्य का बहुलांश था। जितनी स्त्रियाँ उतने ही पुरुष। पर मर्द अपने पहनावे के लिहाज़ से फीके और बेरंग लग रहे थे। तीस पार के पुरुषों को यहाँ कोई शै जैसे गलाए जा रही थी। झुके कंधे, पिलपिली छातियाँ, आँखों में मोतियाबिंद और बेतरतीब दाँत। उसकी समझ में नहीं आ रहा था कि पुरुष के दाँत कमज़ोर होकर गिरने से पहले इतने भयानक क्यों हो जाते है? पुरुषों और स्त्रियों में बराबर के अनुपात के बावजूद मॉल के दरवाज़े पर वह सिर्फ़ महिलाओं की उपस्थिति ही चिह्नित कर पा रहा था। पुरुष पूरी

तरह आउट ऑफ़ फ़ोकस थे। बच्चे बच्चों की तरह ही थे, यानी जैसे होने चाहिए। ख़ुश।

सीढ़ियों पर से उसकी नज़र बिना किसी कोण का तनाव सहे एकदम सीधी सामने दिखती इस ऐतिहासिक इमारत पर थी। वो कई बार मॉल की सीढ़ियों पर भी नज़र डाल रहा था जहाँ की अच्छी ख़ासी चहल-पहल उसे सुकून दे रही थी। इमारत थी कि अपने पर से नज़रें हटाए जाने का हर संभव विरोध कर रही थी। उसके लिए इमारत से नज़रें हटाना मुश्किल हो रहा था पर वो उस ठोस आकार से बाहर आना चाहता था इसीलिए वो सामने से अपनी दृष्टि खींचकर मॉल पर लौटा रहा था। मॉल की चहल-पहल देखकर उसे लगता था कि वो अकेला नहीं है जबकि हेरिटेज हवेली को देखते वक़्त उसे एक अजीब-सा सूनापन घेर लेता। वो इस दुनिया से किसी और ही दुनिया में पहुँच जाता। वो इस समय से किसी और ही समय में पहुँच जाता। इमारत से वो प्रभावित नहीं था पर वो उसे फिर भी आकर्षित कर रही थी। अपनी ओर खींच रही थी। ऐसा पहले नहीं हुआ था। शायद इस सीध में ही ये अपने अधिकतम गुरुत्व बल से चीज़ों को अपनी ओर खींचती थी। अनेक बार उस सड़क पर से जाते हुए उसने इस इमारत को देखा था पर उसका देखना हमेशा क्षणिक, अस्थाई और लगभग असरहीन ही होता था। इमारत उसके भीतर कोई भाव नहीं जगा पाई थी। ये ज़रूर था कि उसे ओझल होने में बहुत लंबा समय लग जाता था। वो अरसे तक पीछा करती रहती थी। उसने जिस किसी से भी इसके बारे में पूछा था तो जवाब से उसकी जानकारी में कोई गुणात्मक इज़ाफा नहीं हुआ था।

अब ये इमारत उसके ठीक सामने थी।

शाम कुछ और बीत गई। वो उस इमारत को एकटक देखे जा रहा था। और वो उसे एकटक देखे जा रही थी। उसकी चट्टानी मांसलता

में सामने की पथरीली उच्चभूमि और अधिक दृढ़ता जोड़ रही थी। वो एकदम सामने थी पर बहुत दूर थी। उसके बड़े नोकदार शिखर भाले की तरह आसमान बींध रहे थे। उन्हीं शिखरों के बीच से एक भारी भरकम चाँद प्रकट हो आया था। कोई मायावी लोक उसके सामने रख दिया गया हो जैसे। अचानक वो डर गया। ऐतिहासिक इमारक की सारी बत्तियाँ जल उठीं और लगा जैसे वो प्रासाद उनकी रक्तिम आभा में दहक रहा हो।

एक छोटी बच्ची सुबकती हुई उसके पास सीढ़ियों पर बैठ गई थी। उसका ध्यान बच्ची पर आ गया। उसे लगा बच्ची काफ़ी देर से रो रही थी पर वो किसी और ही लोक में था। बच्ची का रुदन छन-छनकर जब दुनिया की सरहदे लाँघता उस तक पहुँचा तब जाकर वो वापस यहाँ आ पाया था। उस बच्ची की पसंद की कोई चीज़ शायद उसकी माँ ने खरीदी नहीं थी। उसके बच्ची की तरफ़ लगातार देखते रहने से बच्ची रोना भूलकर उसकी तरफ़ देखने लग गई। मुस्कुराकर उसने उस बच्ची का शुक्रिया अदा किया जिसने उसे इंद्रजाल से बाहर खींच लिया था।

शुभ्र ढलान पर लाल तारा

उसे इस सीज़न का स्वेटर पहने दो-एक ह.फ्ते हो चके थे।

आज सुबह जब उसकी नज़र स्वेटर की स.फ़ेद पट्टियों पर पड़ी, जो जगह-जगह से अब ज़ंग खाई लगने लगी थीं, तो याद आया कि बाज़ार से वो ईज़ी लाना पिछले तीन चार दिन से भूल रहा है। उसका भूलना सि.र्फ़ इसी एक बात तक महदूद नहीं था, बल्कि वो कुछ भी भूल सकता था और अक्सर भूल जाता था। कुछ कहा नहीं जा सकता कि उसका भूलना किसी बीमारी की वजह से था या ज़माने भर के उलझावों के कारण। बस वो भूल जाता था। जैसे उसे स्वेटर की मैली पड़ चुकी स.फ़ेद पट्टियों को देखकर 'ईज़ी' लाना याद आया था वैसे ही बा.क़ी चीज़ें भी उसे इस तरह से ही याद आतीं थीं। सर पर गिर कर। और सि.र्फ़ चीज़ें ही नहीं बा.क़ी सब

कुछ भी उसे इसी तरह याद आता था। अचानक। जैसे ठीक इसी वक़्त उसे याद आया कि कॉलोनी में पिछले सात दिन से लक्ष्मीनारायण दिखा नहीं है और आज तीसरा दिन है जब उसने सोचा था कि इस बारे में वो किसी कॉलोनी वाले से पूछेगा। लक्ष्मीनारायण उसके ही दफ़्तर में चपरासी था और यूँ कॉलोनी का पुरोहित भी। बत्तीस-तैंतीस घरों की उस वॉल्ड बस्ती के धार्मिक आयोजनों में कर्मकांडों को वो बड़ी दक्षता से सरलीकृत कर देता था। वो मन्त्रों को ऐसे बुदबुदाता था जैसे कोई आदिवासी समूह का ओझा टोना करते वक़्त बुदबुदाता है। ख़ुद भी आधे ट्रांस में।

शक्ल से लक्ष्मीनारायण टीबी जैसी किसी बीमारी का मरीज़ भले ही लगता था पर असल में उसे कर्ज़े खाए जा रहे थे। वो कर्ज़ों को क़र्ज़ों से चुकाने के असंभव गणित में फँस गया था। वो भी जानता था कि इस जाल से मोक्ष संभव नहीं है। उसका शरीर कट रहा था, गल रहा था। एक-दूसरे पर समकोण में और एक-दूसरे के समानांतर कुछ अस्थियाँ ही उसके व्यक्तित्व की मूल ज्यामिति बनाए रख रही थीं। वो विगत रूप का दयनीय स्केच बन कर रह गया था। और अब वो कॉलोनी में कुछ दिन से उसे दिखा भी नहीं था।

उसने सोचा आज ही लक्ष्मीनारायण के बारे में किसी से पूछेगा पर तभी मोबाइल की घंटी बजी और उसे फिर इसी बहाने याद आया कि सुबह ही उसकी गर्लफ्रेंड ने फोन पर बताया था कि आज शाम वो उसे उसके दफ़्तर के बाहर मिले। ये डेट जैसा ही कुछ था, उसने सोचा। साथ ही लड़की ने ये भी कहा था कि इस बारे में पक्का वो शाम पाँच बजे फोन करके ही बता पाएगी। लड़की के इस फ़ुटनोट लगाने के बाद उसका आकलन ये था कि डेट वाली बात को भूल जाना चाहिए क्योंकि उसका फ़ोन शाम को पाँच बजे आने वाला नहीं था। ये कोई नई बात नहीं थी। ऐसा कई बार हो चुका था। जब रिश्तों

में गर्मास ख़त्म होने लगती है तो ऐसे होता है, ये वो जानता था। और ऐसा सिर्फ़ लड़की की तरफ़ से ही होता था, ऐसी बात नहीं थी। वो भी कई बार अपने वादे बड़ी सरलता और मासूमियत से भूल चुका था, जैसी कि उसकी आदत या बीमारी या मज़बूरी, जो भी थी। उन दोनों के बीच का ये रिश्ता लगभग ख़त्म होने वाला ही था। उनके बीच का रसायन रसहीन हो रहा था। ऐसे बहुत सारे इशारे थे जो रिश्ते के आसन्न समापन को इंगित कर रहे रहे थे। इसके बने रहने का कारण था कि दोनों में से कोई भी नीच या घटिया नहीं होना चाहता था। वैसे वो उस लड़की को पसंद करता था पर इस पसंद करने का वो करने वाला क्या था इस बारे में वो श्योर नहीं था। मतलब आगे ये रिश्ता किस दूसरे रिश्ते में बदलने वाला था या बदलना चाहिए इसे लेकर वो अपने मन-ही-मन बहुत स्पष्ट नहीं था। बस इतना ज़रूर था कि लड़की उसे पसंद थी। वो कई बार लड़की की गर्दन के पीछे लाल मस्से को लेकर भावुक हो जाया करता था। काले मस्से को वो अनाकर्षक मानता था पर उसकी नज़र में उसके दूधिया शरीर पर लाल मस्सा बहुत फबता था। एक शुभ्र ढलान में लाल तारे की तरह चमकता था वो दैवीय-सा निशान। इससे उसे लगता था कि लड़की कोई क्लोन नहीं बल्कि विशिष्ट है, अपने में अनूठी। उसे भगवान ने चुनिन्दा, ख़ास राज-चिन्हों के साथ भेजा है। कुछ दुर्लभ आत्मीय क्षणों में जब वो उसकी गर्दन के पास अपना मुँह ले जाता था, लड़की समझ रही होती कि वो उसे चूम रहा है। दरअसल वो लाल मस्सा देख रहा होता था। लाल मस्से को देखकर वो ख़ासा 'सक्रिय' भी हो जाता था और ये ठीक भी था। इसे लड़की भी उस वक़्त की उचित प्रतिक्रिया ही समझती थी। पर इस रिश्ते के रोग-विज्ञान में कई और कारण थे जिनसे ये रिश्ता कुम्हला रहा था और इसके हरा होने के लक्षण नहीं दिख रहे थे। इसी तथ्य को ध्यान में रखकर आज शाम लड़की के फ़ोन कर डेट को पक्का करने की बात को याद रखने की कोई वजह

रही नहीं थी। उसके इन दिनों के फ़ोन कॉल्स पर भी उसकी प्रतिक्रिया 'हूँ, हाँ' की तरह अन्यमनस्क ही रही थी। दोनों की तरफ़ से फ़ोन पर बात करना आवाज़ देने, पुकारने की ऐसी रस्म अदायगी जैसा था जिसमें ये डर भी शामिल था कि दूसरा सच में कहीं सुन न ले।

अभी जो घंटी बजी थी उसमें फ़ोन पर सामने अनिल था। उसका ख़ासा पुराना दोस्त। उसे याद नहीं था कि आख़री बार अनिल से बात कब हुई थी। इसे हफ़्तों, महीनों या सालों में नहीं देखा जा सकता था। बस इतना था कि एक प्राचीन धूल उनके बीच में थी। एक लम्बी अजनबियत उनकी पुरानी दोस्ती पर पसरी हुई थी। जैसे किसी पहचाने रास्ते पर बरसों बाद चलने पर लगता हुआ डर। एक सहमापन। ठिठक से भरा हुआ।

फ़ोन पर अनिल की आवाज़ में भी खरखराहट थी। धूल खाए कैसेट से बजती कोई रिकार्डेड आवाज़। अनिल ने बातचीत में शाम को साथ में फ़िल्म देखने का प्रस्ताव दे डाला। उसके पास इसे मानने के अलावा शायद कोई विकल्प नहीं था क्योंकि उस वक़्त वो ये जाँचने में ज़्यादा लगा था कि फ़ोन पर कहीं उस शख़्स की बरसों पुरानी फीते पर अंकित आवाज़ तो नहीं है जिसे इस दुनिया से रुख़सत हुए ज़माना बीत गया हो और उस तक सूचना नहीं पहुँच पाई हो।

वो सोचने लगा कि मल्टीस्क्रीन की लिफ़्ट के पास जब वो उसे देखेगा तो कैसा दिखेगा। कुरेदकर उसने अनिल का चेहरा याद किया। उसका चेहरा एक शिशु का था। या एक शर्मीली लड़की जैसा। स्त्रियोचित सुन्दरता से भरा। हलकी मूँछें उसके होठों पर ऐसे लगती जैसे किसी बच्चे ने नक़ली मूँछे चिपका ली हों। उसे स्वभावतः गुस्सा बहुत आता था पर स्वाभाविक नहीं लगता था उसके चेहरे पर।

शाम ही थी ये। कुछ जल्दी हो गई थी पर शाम ही थी। अपने स्कूटी यान पर वो सिनेमा के लिए जा रहा था। चौराहे पर घर लौटने वाले व्यग्र खड़े थे। लालबत्ती उन्हें कुछ पलों के लिए थामे खड़ी थी। हवा में धुँए के छर्रे आँखों में चुभ रहे थे। अपने व्यस्ततम समय पर ये शहर का सबसे व्यस्ततम चौराहा था। मैकडोनाल्ड वाला बर्गर के साथ यहाँ आलू-टिक्की भी बेच रहा था। समोसों में रोज़ ढलते टनों मैदे को चाटने से इस शहर का पाचन बिगड़ चुका था। सेक्स क्लिनिक्स के नामपट्ट फीके पड़ रहे थे, फर्टिलिटी क्लिनिक्स की बाढ़ थी। एक दिवंगत नेता की पुष्पमाल उछालते प्रतिमा इन सबसे से उदासीन थी।

हरी बत्ती हो गई थी और वो फिर अपने यान पर चलायमान था। सिनेमा कुछ ही दूर था। उसने मन में सोचा कि बेसमेंट पार्किंग में जब वो स्कूटी पार्क करके लिफ़्ट की तरफ़ बढ़ेगा तो वो लोहे का कमरा कितना ठंडा और अपरिचय से भरा होगा। क्या अनिल के शिशुवत चेहरे की गर्मी उस शीत में राहत दे पाएगी ?

साइकल की घंटी

वो मानता था कि नामों का भी भूगोल होता है।

हनुमान जी का ये मंदिर उसे प्रिय था क्योंकि पूरी पृथ्वी पर यही एक जगह थी जहाँ उसे वो पहली बार मिली थी। धीरे-धीरे उसकी आस्था हनुमान जी में भी बढ़ती गई, पर उसे 'हनुमान' नाम काफ़ी सुदूर-सा लगता था। उसके परिचित भूगोल के आसपास का नहीं। इसी वजह से उसने हनुमान जी को 'हडुराम जी' कहना शुरू किया था। ये नाम पड़ोस का ही लगता था। इस तक पहुँचा जा सकता था। उसका सोचना था कि इसमें ख़ासा तर्क भी था। आप सिल्विया की बजाय सीमा तक अधिक आसानी से पहुँच सकते हैं। या मार्था की बजाय मीरा तक। अपने-अपने तर्क हैं। और हर तर्क अंततः अब्सर्ड ही होता है।

इस मंदिर में ख़ासी भीड़ रहती थी।

ख़ासकर मंगलवार को। उसे बाद में पता चला कि शनिवार को भी वीर बजरंगी अपना दरबार लगाते हैं। इस दिन भी भीड़ कोई कम नहीं होती। ऐसे ही एक भीड़ भरे वार को उसने उसे देखा था। मंदिर के पास। हालाँकि परिचय थोड़ा अधिक पुराना था पर इस जगह उस दिन उसे देखना एक अलग ही अनुभव था उसके लिए। पहले का परिचय इतना भर था कि वो इस धरती पर उसकी देखी किसी जगह पर रहती थी, बस!

चौमासे के दिनों में बादल कई दिनों के छलावे के बाद सच में उस दिन कुछ करने पर उतारू थे। शाम कुछ पहले ही अँधेरी हो गई थी और इतने लोगों के साथ मंदिर, उसकी ध्वजा और ड्योढ़ी पर गेरुए में बैठे भिखारियों के साथ प्रसाद बेचने वाले सौदागरों की अन्यथा रंगीन दिखने वाली छवियों को श्वेत-श्याम चित्रावली में बदल दे रही थी। ये उसे पता नहीं था कि उसका, उसे, यहाँ मिलना कितना आकस्मिक था और कितना सुचिंतित या शायद दोनों में से कुछ भी नहीं। मंदिर और महात्माओं के साथ चौमासे का ये सुरमई पल सबसे बड़ा उद्दीपक था जिसने उनके बीच के तार में विद्युत धारा बहा दी थी। कोई ख़ास क्षण उत्प्रेरक बन बैठता है। कुछ-कुछ वैसे ही जैसे ट्रेन के डिब्बे में सामने बैठी कोई अनजानी लड़की कभी-कभी सबसे क़रीब हो सकने की लालसा से भर देती है। इसमें भी पटरियों पर भीषण गतिमान, बीहड़ के बीच फिसलते वक़्त में सब कुछ बेहद क़ीमती और जीवन से भरा लगने लगता है। ऐसे ही सर्वथा उचित पल को लपकने का मन करता है। पर ये अक्सर अनायास ही, बिलकुल अनपेक्षित रूप से उपस्थित हो जाया करता है।

प्रेम सबके जीवन में आता है। इसके आगमन को समझने के लिए किसी महान किताब को पढ़ना ज़रूरी नहीं है, किसी क्लासिक फ़िल्म को देखा होना भी अनिवार्यता नहीं। कान, नाक या नेत्र खुले

रखना भी कतई शर्त नहीं। चाय के ढाबे पर या नाई की दुकान पर, जागते या सपने में, एक दिन अचानक इसका आगमन होता है और ट्रेन के डिब्बे में बैठे-बैठे इंजन लगने के धक्के की तरह ये पूरे भार के साथ अपनी अनुभूति करा देता है। एक बार, कम-से-कम एक बार ये हरेक में उतरता है। गंजेड़ी, चिलमची, साधू, गृहस्थ, मुनीम, व्यापारी, जवान, अधेड़, खिलाड़ी, भिखारी। सब के भीतर।

तो वो कोई अपवाद तो था नहीं। पर उसे विश्वास नहीं हुआ कि भाई-बहनों में सबसे नाकारा माना जाने वाला वो शख़्स जिस पर बड़ी भाभी कई बार इलज़ाम लगा चुकी थी कि वो फ्रिज़ में से फ्रूट चुरा कर खाता है और जिसकी गवाही भैया ने भी दी थी, इस लायक़ माना जाएगा कि वो प्रेम का स्पर्श कर सके।

पर था कुछ ऐसा ही। उसके घर से पहले अच्छी ख़ासी चढ़ाई और फिर सीधी ढलान के आख़िर में था ये मंदिर। वो साइकल को चढ़ाई पार कर वहाँ लाता जहाँ से ढलान शुरू होती थी। और वहाँ वो दो एक मिनट सुस्ताता। ये ख़याल उसमें पर्याप्त ऊर्जा भर देता कि अब साइकल की ढलान-यात्रा शुरू होगी। साइकल को ढलान पर लुढ़काना उसे बहुत अच्छा लगता था। इन दिनों ख़ास तौर पर वो ढलान रहते लगातार घंटी बजाता रहता। उस गबदू को ऐसा करना सिर्फ़ सुहाता था, बस। पर कोई भी, वो भी, जिसकी मति इश्क़ में अभी मारी नहीं गई हो, जानता है कि असल में साइकल की घंटी कुछ सबसे चुनिन्दा रूमानी ध्वनियों में से एक होती है और कोई लगातार बेवजह घंटी बजाता है तो ज़रूर कोई घंटी उसके भीतर भी दरअसल बज रही होती है, उन दिनों।

मौसम की पहली बारिश जैसी पवित्र शीतलता और कहीं नहीं होती। उसी बारिश में एक बार मंदिर तक जाती ढलान से वो साइकल

पर उतर रहा था। फुहारों के नर्तन के साथ साइकल की घंटी की गूँज दिव्य जुगलबंदी कर रही थी। मंदिर की आरती के समय बजने वाली घंटी में अभी देर थी। पर उसका यहाँ आने का क्रम पिछले कई सालों से था। लड़की अरसे से यहाँ नहीं आ रही थी। बल्कि वो इस शहर में थी भी या नहीं ये भी तय नहीं था। उसके और लड़की के बीच इस बारे में कोई संवाद नहीं हुआ था। सच तो ये था कि उनके बीच में आज तक किसी तरह का कोई संवाद नहीं हुआ था। ये परिचयहीन प्रेम था। अनाम। संबोधन रहित। निराकार। निरुद्देश्य। गंतव्य से परे। पर उसकी साइकल की घंटी में मिठास आज भी वैसी ही थी।